A órfã número sete

A órfã número sete

PELO ESPÍRITO
ANTÔNIO CARLOS

PSICOGRAFIA DE
VERA LÚCIA MARINZECK DE CARVALHO

LÚMEN
EDITORIAL

A órfã número sete
pelo espírito Antônio Carlos
psicografia de Vera Lúcia Marinzeck de Carvalho
Copyright © 2014 by
Lúmen Editorial Ltda.

1ª edição – fevereiro de 2014

Direção editorial: *Celso Maiellari*
Direção comercial: *Ricardo Carrijo*
Coordenação editorial: *Fernanda Rizzo Sanchez*
Revisão: *Érica Alvim*
Projeto gráfico e arte da capa: *Ricardo Brito* | *Estúdio Design do Livro*
Imagem da capa: *Refat* | *Shutterstock*
Impressão e acabamento: *Gráfica Cromosete*

Dados Internacionais de Catalogação na Publicação (CIP)
(Câmara Brasileira do Livro, SP, Brasil)

Carlos, Antônio (Espírito).
    A órfã número sete / pelo Espírito Antônio Carlos ; psicografia de Vera
Lúcia Marinzeck de Carvalho. – São Paulo : Lúmen Editorial, 2014.

    ISBN 978-85-7813-142-5

    1. Espiritismo 2. Psicografia 3. Romance espírita I. Carvalho, Vera
Lúcia Marinzeck de. II. Título.

14-00040   CDD-133.93

Índice para catálogo sistemático:
1. Romances espíritas psicografados : Espiritismo   133.93

LÚMEN
EDITORIAL

Rua Javari, 668
São Paulo – SP
CEP 03112-100
Tel./Fax (0xx11) 3207-1353

visite nosso site: www.lumeneditorial.com.br
fale com a Lúmen: atendimento@lumeneditorial.com.br
departamento de vendas: comercial@lumeneditorial.com.br
contato editorial: editorial@lumeneditorial.com.br
siga-nos nas redes sociais:
twitter: @lumeneditorial
facebook.com/lumen.editorial1

2014

DEDICO este livro aos meus netos, GABRIEL e EDUARDO, pelo interesse carinhoso pelo meu trabalho.

VERA
São Carlos — São Paulo
Primavera de 2013

Sumário

O socorro

— Sete! Sete! Sete! — exclamou Henrique ofegante.

Correu desesperado, a luz irradiada pela lanterna em sua mão bailava. Olhava tudo rapidamente. Abriu uma porta com um pontapé e iluminou o galpão.

— Nada! Meu Deus! Onde está?

Correu para o outro galpão falando alto, exclamando frases sem muito sentido. Novamente abriu a porta com um chute.

— Meu Deus! — exclamou.

Sua lanterna iluminou um corpo. Correu para lá. Era uma moça com roupas rasgadas. Rápido, Henrique tirou a faixa de tecido do pescoço da jovem, que respirou melhor. Ela estava ofegante e, com os olhos, indicou um local ao seu lado direito, à esquerda dele. Henrique compreendeu, o criminoso fora para aquele lado. Por uma fração de segundos, ele hesitou: deixar a jovem ali ou ir atrás do criminoso. A ânsia de pegar aquele cruel assassino ganhou.

— Fique calma! Vou pedir ajuda para você!

Ligou seu rádio.

— Aqui é o investigador Henrique. Galpão número nove. A vítima está viva e precisa de socorro. Criminoso fugiu, penso que foi para os galpões sete e seis. Apressem-se!

Falava correndo e olhando tudo com atenção. Suava, estava ofegante.

— Aonde, meu Deus? Para onde foi esse bandido?

Escutou um barulho, trocou a lanterna de mão, pegou sua arma e destravou-a. Henrique era canhoto. Ele ficou mais atento, calou-se, porém não conseguiu silenciar sua respiração.

— Alguém aí? — Henrique escutou.

Reconheceu a voz como também a pergunta.

— Sou eu, investigador Henrique. Tenente Hipólito?

— Henrique, estou aqui!

Clareou-o com a lanterna.

— Quase que atiro em você — disse o tenente Hipólito. — Onde está esse assassino? Encontrou a vítima? Existe de fato vítima?

— Existe — respondeu Henrique. — A moça está viva e no galpão nove.

— Deixou-a sozinha?

— Quis pegar o criminoso.

— Volte para lá — ordenou o tenente —, guarde-a com atenção. Ele pode voltar e querer terminar o que começou. Vou procurá-lo. Neste galpão ele não está. Eu procuro e você fica lá até o socorro chegar. Se encontrá-lo, atire para matar. Ele não merece ser preso. Rápido!

Henrique correu e voltou para perto da moça. Ela, ao ver alguém se aproximar, tremeu assustada. Não conseguia se locomover.

— Calma, moça! — pediu Henrique. — Sou policial. Já pedi socorro, meu superior está perseguindo o criminoso. Tomarei conta de você. Logo a ambulância chegará.

Observou a moça. Ela estava com pouca roupa, e estas haviam sido rasgadas. Ele tirou o casaco e cobriu-a.

— Calma! Estou lhe protegendo!

A jovem gemeu. Henrique observou o local, tinha uma mente fotográfica; como sua profissão exigia, olhou tudo detalhadamente.

"Parece que ele não deixou rastros. Nada está me chamando atenção. Estes galpões abandonados são um perigo, esconderijos perfeitos para bandidos."

Veio em sua mente, e ele repetiu:

— Incompetente! Imbecil! Deixar o assassino escapar! Não presta para nada. Terá outra oportunidade?

— Hum! Hum! — a moça gemeu.

Henrique a olhou e viu que a jovem tinha os olhos fixos nele e que havia medo neles. Acalmou-a:

— Por favor, minha jovem, permaneça calma, a ambulância está chegando. Sou um investigador e a protegerei. Estava falando comigo mesmo. Xingava-me por não ter conseguido pegar este criminoso. Calma!

A moça pareceu tranquilizar-se.

"Tenho de ficar atento", pensou o investigador. "É pouco provável, mas talvez esse homem volte. E também não posso repetir falando o que escuto na minha cabeça. Essa voz está me perturbando. De fato, estou sendo incompetente, mas não preciso falar. Entre pegar um criminoso e proteger a vítima, a escolha já está feita: proteger o inocente."

Escutou um barulho e ficou mais atento.

"Este local deve ter muitos ratos. Como o socorro está demorando!"

Novo barulho. Reconheceu ser de pessoas andando na área externa. Gritou:

— Aqui! No galpão de número nove. Entrem, a porta está aberta.

Ele havia, com um chute, destrancado a porta.

Entraram três colegas policiais e dois enfermeiros, que foram, rapidamente, acudir a moça.

A jovem, aliviada, suspirou alto.

— Cuidado! — disse um dos enfermeiros. — A enferma está com a perna quebrada.

Cuidadosamente, os dois pegaram-na, colocaram-na na maca e cobriram-na com um lençol. Devolveram o casaco manchado de sangue para Henrique. Rápido, mas com cuidado, pegaram a maca.

— Um de vocês fique aqui — disse o investigador aos policiais. — Atire se o criminoso voltar. Logo a equipe técnica virá. Vocês dois procurem o homem, prendam qualquer suspeito que encontrarem. Prestem atenção, pode ser que outros policiais estejam também tentando prendê-lo. Vou com a vítima para protegê-la.

Com revólver na mão, Henrique acompanhou os trabalhadores da saúde.

"Talvez ele esteja por aqui. Não conseguiu matar a moça, e ela agora é uma testemunha perigosa para ele, que, com certeza, vai querer eliminá-la. Tomara que a pessoa que nos telefonou tenha visto o assassino e nos dê pistas."

Foi junto na ambulância. Ficou atento no hospital e perto de onde a jovem estava sendo atendida. Duas horas depois, uma enfermeira veio lhe dar a notícia.

— O estado da jovem não é grave. Aqui estão os documentos dela, estavam numa pequena bolsa. A direção do hospital já se comunicou com a mãe da moça.

— Como ela se chama? — perguntou Henrique.

— Raquel.

— Ela está muito ferida?

— Teve alguns machucados leves. O pior foi um corte no pescoço. Ela quase foi estrangulada. Teve a perna direita quebrada em dois lugares. Foi medicada, está dormindo, pois estava em estado de choque. Vamos transferi-la para o quarto. O senhor fará a guarda?

— Até chegar alguém para ficar no meu lugar, ficarei aqui. Avise-me para que quarto a moça vai, ficarei na porta.

Foi para uma área e ligou seu rádio para falar com a delegacia em que trabalhava. De lá, informaram-no de que não haviam conseguido prender o criminoso e que logo uma policial viria para ficar no seu lugar.

Viu a jovem ser levada para o quarto.

"Este serial tem bom gosto. A jovem é bonita! As outras garotas mortas também eram bonitas."

Ficou na porta do quarto e logo chegou uma senhora que chorava aflita, acompanhada de um rapaz. Uma enfermeira tentava acalmá-la.

— A senhora não pode entrar assim no quarto. Já falei que Raquel, sua filha, não corre perigo. Está medicada e dormindo, deve acordar somente amanhã lá pelas dez horas. Necessita a mocinha de sossego. Por favor, acalme-se!

— O senhor é da polícia? — perguntou a senhora a Henrique.

— Sou, sim, e estou fazendo guarda. Protegerei sua filha.

— Proteção em hora errada! — exclamou a senhora. — Grande coisa ficar aqui agora. Ela e todos nós necessitamos de proteção antes de acontecer algo de ruim conosco.

— Por favor, mamãe, acalme-se, vamos entrar no quarto.

A senhora parou de chorar e ambos entraram. Logo em seguida, chegou uma policial para ficar no seu lugar e ele foi embora.

Chegou em casa cansado, colocou seu casaco de molho para lavar, pois este estava sujo de sangue, e foi dormir. Acordou com sua mãe chamando-o. Levantou-se e, ao tomar café, desabafou com sua mãezinha.

— Sou um incompetente! Ontem poderia ter pegado aquele *serial killer* e não o fiz. Estava de plantão na delegacia quando recebemos um telefonema. Uma voz masculina dizia ter visto um homem pegando uma moça pelo braço de modo suspeito, levando-a para os galpões abandonados de uma antiga fábrica. O local não é longe da delegacia. Dei o alarme e corri para lá. Fui com minha moto, cheguei rápido ao galpão e os procurei. Aquele local é um reduto de bandidos.

— Aqueles galpões estão ruindo, é perigoso desabar — comentou a mãe, dona Isaura. — E aí, conte, o que aconteceu?

— Ontem estava inquieto, com um pressentimento ruim, e aquela voz me incomodando. Mamãe, a senhora precisa voltar na dona Celeida, ela tem de dar um jeito nessas vozes que escuto.

— Você é quem precisa ir. Vamos hoje na hora do seu almoço para ela benzê-lo. O que a voz queria desta vez?

— Nada de diferente. Como disse, não me sentia bem. Estava oprimido, senti que deveria ficar atento e fiquei. À noite, às vinte e duas horas e dez minutos, recebemos o telefonema avisando-nos de que uma jovem estava sendo levada para os galpões. Corri na frente e lá me deixei guiar pelo meu instinto e fui logo para o de número nove. Fui arrebentando as portas a pontapés. Talvez, pelo barulho, o criminoso tenha pensado que eram muitas pessoas, não teve tempo de matar a jovem e fugiu. Ao vê-la, desatei o laço do pescoço dela e, também por instinto, deixei-a sozinha e corri atrás do psicopata. Concluí que ele deveria estar por perto. Não o encontrei e voltei para perto da moça, que estava viva. Desta vez, ele não conseguiu nem estuprá-la. Pedi pelo rádio para levar uma ambulância. Foi então que escutei a voz dentro de minha cabeça me xingando. Assustei a moça porque repeti alto o que escutava.

— A voz acusou-o de não ter prendido o criminoso? — perguntou a mãe.

— Foi isso! Nunca estive tão perto de pegá-lo. Mas ele poderia estar me vendo e voltar para perto da moça e matá-la para não deixar testemunha, porque, com certeza, ela deve ter visto o seu rosto. Tomara que essa jovem nos dê pistas para trancafiá-lo numa prisão para o resto de seus dias. Não deveria ter me afastado da vítima e corrido atrás do assassino. Ao ver que a moça estava viva, deveria ter ficado ao seu lado, protegendo-a. Por isso voltei logo e o deixei escapar. Mas estou com raiva de mim por não tê-lo pegado.

— É melhor você não falar o que fez na delegacia. Na ânsia de prender esse estuprador, não agiu corretamente. Sossegue. Com certeza essa moça contará tudo o que se passou com ela. Quem sabe ela não viu o assassino? Poderá descrevê-lo, farão um retrato falado e aí ficará fácil prendê-lo.

— Duvido que o prenderemos fácil! Mas estou esperançoso. Meu problema no momento são as vozes. Não quero mais ouvi-las. Ela ficou brava comigo.

— Quem ficou brava com você? — perguntou a mãe.

— A voz! Ela me xingou e o pior é que concordo com ela.

— Isso é coisa da sua cabeça — falou dona Isaura. — Quer tanto prender esse ser maldoso que pensa que escuta vozes.

— Antes a senhora não pensava assim. Quando lhe contei que escutava as vozes a senhora me falou que deveriam ser espíritos. Talvez de alguma das vítimas que queria ser vingada. Insistiu para ir à benzedeira, dona Celeida, e agora mudou de opinião. Quer me deixar louco?

— Raciocine comigo — pediu dona Isaura. — Quando você foi designado para investigar esses crimes, após a quinta moça ter morrido, você não teve mais sossego. Quando a sexta morreu, pensei que você ia adoecer. Tudo isso que aconteceu deve tê-lo afetado. Você, meu filho, deve fazer benfeito seu trabalho, ser honesto, mas não deve se envolver demais. Seu trabalho, como todos os outros, deve ser prazeroso, não devemos deixar os problemas de nossas atividades profissionais nos atormentarem. Você foi uma vez se benzer, eu tenho ido e pedido por você. Dona Celeida diz que está sendo difícil livrá-lo disso.

— Já sei o que ela diz — resmungou Henrique —, que os espíritos querem que eu prenda o assassino. Que não estão me prejudicando, que estão me ajudando. Mas penso que eles estão me auxiliando a ficar louco! Vou para a delegacia, na hora do almoço a senhora vai comigo à benzedeira.

— Fique tranquilo, meu filho, vá trabalhar sossegado — recomendou a mãe.

— Vou tentar! Mas primeiro tenho de pegar minha moto. Deixei-a nos galpões porque fui acompanhar a vítima ao hospital, depois voltei para casa de táxi. Vou buscá-la, isso se ainda ela estiver lá.

Pegou um táxi e foi para os galpões abandonados. O motorista comentou o ocorrido: a tentativa de assassinato naquela noite nos galpões. Ele não prestou muita atenção a não ser numa frase.

— Quase que o assassino foi preso. Não matou a moça porque um policial chegou e a socorreu.

Pagou o táxi e desceu do veículo. O local estava movimentado. Pessoas curiosas olhavam os policiais que estavam ainda trabalhando nos galpões. Henrique perguntou a eles se haviam encontrado algo interessante, alguma pista do *serial killer*, e um deles respondeu:

— Nada, investigador! Do crime, não encontramos nada. O suspeito não deixou, como das outras vezes, pistas. Mesmo tendo fugido correndo, não deixou cair nenhum botão. Encontramos outras coisas, mas nada, infelizmente, sobre esse monstro. Vamos liberar o local logo mais.

Henrique encontrou sua moto onde havia deixado.

"Não mexeram nela porque os policiais estavam aqui. Está intacta. Ainda bem", pensou o moço.

Despediu-se dos colegas e rumou para a delegacia, tinha muito que fazer.

A reunião

Henrique chegou à delegacia e os colegas comentavam sobre o ocorrido.

— Henrique, quase que você viu o assassino! Como foi a sensação do "quase"? — perguntou Marceano.

Marceano era o mais jovem investigador da delegacia de homicídios e demais crimes contra a vida. Era o novato, entusiasmado e brincalhão. Henrique suspirou, como se pedisse paciência e respondeu:

— Sabe o que queria? Que em vez de termos um psicopata masculino, tivéssemos um feminino, que gostasse de matar palpiteiros infelizes. Aí esperaria ela matá-lo para depois prendê-la.

— Nossa, que humor! Nem parece ser o herói do dia! Se eu tivesse lá teria atirado nesse assassino.

— Ou teria sido morto por ele! — exclamou Garcia.

— Como você teria apagado este homem, posso saber? — perguntou Henrique.

— Primeiro, tiraria a faixa de tecido do pescoço da moça, depois correria atrás do *serial killer* — respondeu Marceano.

— Deixando a vítima sozinha? Seria um herói desempregado — comentou Meire rindo.

— Que coisa! — resmungou Marceano. — Vocês me perseguem. Vão contra tudo o que penso. Isso é inveja! Sou jovem, bonito e tenho ótimas ideias. Vocês ainda me respeitarão!

Riram do colega.*

Minutos depois, o delegado fez uma reunião. Doze pessoas participariam, membros da polícia civil e da policia militar que foram à delegacia com o intuito de unir esforços para prender o psicopata que aterrorizava a cidade.

— Colegas — disse o delegado —, evitamos um crime, mas não prendemos o *serial killer*. Recebemos

---

* N. A. E.: Não narro escrevendo gírias, pois estas são temporárias e algumas poderiam não ser compreendidas. Assim como também, ao adaptar a história, os trabalhos nas delegacias podem não ter sido fiéis. O importante é o relato e seus ensinamentos.

ajuda de uma pessoa que, vendo um homem conduzindo uma moça para os galpões abandonados, nos alertou. Estamos esperançosos de que a jovem Raquel, a sétima órfã, tenha visto o criminoso e nos dê algumas pistas. O médico disse que podemos, nós da polícia, falar com ela hoje à tarde. Até lá, Raquel será protegida. Vamos revisar os acontecimentos: um telefonema foi dado; Henrique, de plantão, saiu em disparada com sua moto; três dos nossos homens foram na viatura para lá. Conte-nos o que você encontrou, Henrique.

— Fui rápido para lá, a moto me proporcionou chegar minutos depois do telefonema. Penso que fiz barulho, abri as portas a pontapés. Desesperado, queria evitar mais um assassinato. Estava com a lanterna na mão e pronto para atirar se necessário. Quando entrei no galpão número nove, encontrei a moça caída. Não vi ninguém, nenhum vulto. Institivamente, acudi a vítima e tirei o pedaço de tecido de seu pescoço.

— E fez bem em protegê-la! — exclamou o tenente Hipólito. — Agiu corretamente. Você evitou de a moça ser morta.

— Continue contando — pediu o delegado a Henrique.

— Comuniquei-me com os colegas e pedi a ambulância. Observei todo o local e não vi nada que me chamasse a atenção. Tirei meu casaco e cobri a moça, que estava seminua. Quando a ambulância chegou, fui para o hospital com a vítima para protegê-la e fiquei lá até chegar uma colega para me substituir.

— Nós saímos da delegacia — contou um policial — assim que Henrique saiu, fomos o mais rápido que conseguimos para os galpões e, no caminho, pedimos uma ambulância. Henrique também nos informou onde estava. Quando chegamos, ele nos gritou sua localização. Acudimos a vítima, e ela, com Henrique, foram na ambulância; eu fiquei no local; Luís e Marcelo saíram à procura do psicopata. O reforço chegou, procuramos por pistas e por ele, mas não encontramos nada.

— Como sabem, vasculhamos toda a área — disse o delegado. — Deu resultado. Encontramos doze quilos de drogas e algumas armas escondidas no galpão número cinco, o mais central deles. Infelizmente, não prendemos ninguém. Noticiei que estávamos procurando o estuprador, se alguém soubesse quem era ou tivesse visto o assassino, que nos desse informação que seria recompensado — dois policiais entraram na sala. — Chegaram! Bom dia! O que obtiveram?

— Nada! — respondeu um policial. — Conversamos com as pessoas que moram por ali, ninguém viu nada, não viram ninguém suspeito. Não encontramos quem telefonou.

— Já esperava por isso — falou o delegado. — Quem telefonou está com medo dos donos das drogas.

Demos a batida, revistamos todos aqueles galpões atrás do criminoso e encontramos drogas e armas escondidas. Quem telefonou deve ter visto o estranho casal entrando nos galpões. É precavido nosso informante, deve saber que pode ser morto pelos traficantes, afinal, eles tiveram um grande prejuízo.

— Mas — comentou um policial — o assassino deixando lá a moça morta, a polícia também iria revistar todo o prédio.

— Certamente os traficantes iriam encontrar o cadáver antes de nós. Com certeza eles limpariam o local, tirariam suas drogas e armas de lá. Gostaria de agradecer ao informante, creio que ficará anônimo, mas saberá que salvou uma pessoa da morte. Nossa esperança é que a jovem Raquel tenha visto o rosto desse homem. Henrique, o que você escutou do informante?

— Posso repetir as palavras dele — respondeu Henrique. — Ele disse: "Estou fazendo uma denúncia! Estou vendo um homem agindo de modo estranho. Ele deu um telefonema deste orelhão, depois ficou parado, parecia esperar uma pessoa. Ele está conduzindo uma moça pelo braço. Não parece ser um casal, ele anda atrás dela, parece que a está forçando, estão indo para os galpões abandonados da rua das Flores. Corram para lá! Salvem-na!" Desligou. O informante falou corretamente e sem sotaque. Concluo que é uma pessoa instruída e da região.

— A moça — informou o delegado à equipe —, a Raquel, é professora na escola do bairro. A escola fica a duas quadras e meia dos galpões. A jovem leciona à noite. Sua casa fica do lado contrário dos galpões. A vítima, a órfã número sete, é honesta e de família simples.

— Órfã de pai como as outras? — perguntou Paulo, outro investigador amigo de Henrique.

— Sim, é — respondeu o delegado. — Seu pai faleceu há cinco anos, ela mora com a mãe e tem um irmão mais velho que é casado. Hoje à tarde, Meire e eu vamos conversar com a vítima. Tentaremos descobrir quem são os donos das drogas e das armas. Henrique, você continua encarregado da investigação deste *serial killer*, destes brutais assassinatos, e todos nós o ajudaremos. Cuidado com entrevistas, a mídia está noticiando muito este caso. O comandante da polícia militar e eu daremos entrevistas.

— Espero — comentou Garcia — que os repórteres não peguem pesado conosco.

A reunião terminou, todos voltaram aos seus afazeres. Tenente Hipólito aproximou-se de Henrique.

— Henrique, como passou de ontem?

O investigador olhou-o e notou que o amigo estava triste e aborrecido.

— Mais ou menos — respondeu Henrique. — Você está preocupado? A família está bem?

Henrique conhecia a família dele, a esposa Maura e os filhos Ester e João Vitor, que deveriam ter oito e seis anos. O tenente se orgulhava de sua família. Henrique era sempre convidado para as festas na casa dele, seja de aniversários ou simples reuniões, e outros colegas também iam. E nas reuniões festivas que ocorriam na corporação, o tenente sempre levava a família. Ele também era sempre convidado, dona Isaura chamava-os para almoçarem no domingo. Por isso, tornaram-se amigos. O tenente e a esposa diziam sentir falta das famílias, já que as deles residiam longe. Henrique admirava-o, pois, ele sempre que possível, ajudando os colegas, era competente, resolvia muitos casos. Mas ele tinha o estranho costume de, quando nervoso, preocupado ou ansioso, falar frases pela metade. Às vezes a turma brincava com ele, que não se importava, ria também e afirmava: "Meu raciocínio é mais rápido do que as palavras".

— Todos lá — respondeu o tenente Hipólito — estão bem. Estou chateado pelo fracasso. Ontem à noite fui a um barzinho comemorar o aniversário de Alfred, reunimos somente os garotos — o tenente sempre se referia aos seus subordinados assim, chamando-os de "garotos" ou "rapazes". — Este bar é perto dos galpões, já estava no carro indo para casa quando escutei Luís dando a informação. Corri para lá. Perdi-me dentro do prédio. Quando chegou o reforço, eu, com os meus garotos, vasculhamos a área. Avisei Maura, estava de folga e fiquei até tarde com meus rapazes olhando as ruas em volta daquele lugar abandonado. Fracasso!

— Agradeço-o por ter me impedido de dizer que fui atrás do bandido e deixei a vítima sozinha por alguns instantes.

— Não queria que levasse uma advertência. Enquanto você saiu de perto da vítima, o criminoso poderia ter voltado e a matado, evitando, assim, que fosse denunciado. Não faça mais isso!

— Não farei. Eu também estou aborrecido pela minha incompetência.

— Incompetência, não! — exclamou o tenente. — Fracassamos, é diferente. Fizemos tudo para dar certo. Não deu! Fracasso! Isso foi um grande fracasso!

— Mas eu me sinto hoje, agora, um incompetente! — reclamou Henrique.

— Vamos trabalhar. Esquecer o fato!

Um acidente ocorreu e teve briga. Henrique telefonou para a mãe avisando que não ia almoçar em casa, comeria um lanche. A tarde foi movimentada. Meire e o delegado retornaram da visita ao hospital, e a colega contou o resultado da conversa que tiveram com a vítima número sete.

— Infelizmente — lamentou Meire —, Raquel, a jovem que foi atacada, não sabe de muita coisa. Não ajudou em nada. Disse que ontem, quando terminou a aula, foi chamada ao telefone. Uma voz masculina, que nunca escutara, não era conhecida, disse ser o pai de Rodrigo. Ela falou que tinha muitos alunos com esse nome, perguntou o sobrenome, e o homem pareceu não entender, mas queixou-se de que o filho estava indo mal nos estudos, tirando notas baixas e que ia tirá-lo da escola. Raquel então tentou convencer o pai a não fazer isso. Despediram-se, desligou, e o homem não falou o sobrenome do filho nem o nome dele. A jovem professora não deu importância ao fato, pegou sua bolsa e saiu do prédio escolar. Todos já haviam saído. A mãe dela, que se preocupa muito com a filha, pedia sempre para sair junto com todos. O telefonema a atrasara, por isso saiu rápido, passou pela frente da escola e, ao virar a rua, sentiu alguém atrás dela. A pessoa a pegou pelo braço e falou com voz rouca, ela tem a certeza de que era forçada, disfarçada, e encostou algo em suas costas, apertou seu braço e Raquel lembra ter escutado: "Estou com um revólver apontado para você, não olhe para trás e não grite. Vamos por este lado". Caminharam para a outra rua, que estava deserta. Ela não viu ninguém, e ele a forçou a ir para os galpões. Raquel nos disse que ficou apavorada e que deveria ter gritado ou corrido.

— Aí — interrompeu Henrique — ele atiraria nela e a mataria.

— Pode ser — concordou Meire. — Raquel contou que sentiu muito medo quando entrou no galpão, que estava escuro, e que seu agressor tinha uma lanterna. Pela descrição, era uma lanterna comum. O sujeito parecia saber para onde ir. Dentro do prédio, ele a empurrava com força e, quando chegaram ao local em que a encontrou, o homem foi abraçá-la, mas ela lutou, o que fez com que ele torcesse sua perna, quebrando-a. A moça disse que sentiu tanta dor que pensou que ia parar de respirar, mas isso foi porque o assassino rasgou sua blusa e a estava estrangulando. Ela se debatia, estava perdendo as forças, quando ele se afastou e alguém, você, afrouxou o laço para ela poder voltar a respirar. A pobrezinha sentiu tanto pavor que não conseguiu nem falar. Somente sentiu-se aliviada ao ser levada para a ambulância e mais tranquila com os médicos cuidando dela.

— Essa moça não escutou mais nada? — perguntou Henrique à colega de trabalho.

— Sim, Raquel afirmou que somente se lembra de ter escutado algo parecido com "filha, do pai", mas não tem certeza.

— Isso é um absurdo!

— Tratando-se de um psicopata, pode-se esperar de tudo — falou Meire. — Se nossos dados estão certos, essa é a sétima vítima. Somente a quinta, a Vanusa, tinha genitor, as outras eram órfãs de pai.

— Todas as jovens mortas tinham os cabelos nos ombros, eram morenas-claras, altas, sadias e de corpos bonitos. De fato, a não ser Vanusa, todas eram órfãs de pai. Deve haver outras vítimas.

— Por que você pensa isso? — quis Meire saber.

— Este homem esperou Raquel na saída de seu trabalho, ameaçou atirar se ela gritasse. Talvez aja sempre dessa forma e, se alguma de suas vítimas gritou, ele deve tê-la matado. Vou pesquisar se nestes três anos, desde que começaram esses crimes, houve alguma moça morena-clara que morreu por tiros.

— Investigue! — aconselhou Meire. — Pode ser que encontre moças que foram assassinadas, e os crimes não foram esclarecidos, e talvez haja testemunhas que possam nos dar alguma pista. Esqueci de lhe contar: Raquel, quando lutava com o homem, viu que ele tinha uma meia no rosto e estava vestido com uma calça azul-escuro e blusa preta; mas ela não conseguiu definir se ele estava de agasalho ou paletó. Disse que ele era alto, muito alto e forte. Porém, concluí que não era tão alto porque, quando perguntei se a voz atrás dela vinha acima de sua cabeça ou atrás de sua nuca, ela respondeu que era atrás da cabeça. O medo faz ver, às vezes, as coisas maiores do que são.

— Concluo — afirmou o investigador —, estudando as atitudes deste monstro, que ele, mesmo tendo a certeza de que a vítima morrerá, não se descuida, elas morrem sem ver seu rosto. Fez um bom trabalho, Meire. Vou também conversar com ela. Quando Raquel sairá do hospital?

— Ela deve ficar mais uns três dias internada. A mãe dela não nos quer por perto, e o delegado, depois do depoimento, tirou o vigia do hospital. Porém, pediu para todos ficarem atentos e deu para a mãe, dona Maria da Glória, um aparelho de rádio para pedir socorro, se precisar, diretamente conosco aqui na delegacia. O delegado como sempre foi tão simpático que dona Maria da Glória, que nos recebeu com grosseria, acabou sendo gentil e até se desculpou. Sabe o que estranhei? — Meire não esperou pela resposta e continuou falando: — O delegado não foi localizado ontem à noite, ele somente apareceu nos galpões hoje cedinho. Nosso chefe me pareceu aborrecido, estava com cara de que havia feito algo que não havia dado certo. Ele não disse a ninguém onde esteve, também ninguém perguntou.

Henrique e os colegas não simpatizavam muito com o chefe, como chamavam o delegado quando ele não estava presente. Para o investigador, o delegado era fingido: tratava bem as pessoas para, depois, longe delas, criticá-las. Ele saía muito no horário de trabalho, não costumava dar satisfação e, muitas vezes, como fizera no dia anterior, não respondia ao rádio.

— Vou — falou Meire — após ordenar minhas anotações e fazer o relatório, arquivar uma cópia e deixar outra com você. Relatório da órfã número sete!

— Obrigado! — agradeceu Henrique.

Trabalhou até tarde. Quando o dia começava movimentado ia assim até a noite.

— Parece fase. Coisas da lua — comentou o amigo Paulo. — Penso que tem dia que os marginais resolvem sair de seus esconderijos e aprontar. É um caso atrás do outro!

Henrique foi para casa tarde da noite. No outro dia ia voltar ao trabalho às dezesseis horas.

Um atendimento mediúnico

– Meu Deus! Que pesadelo!

Henrique acordou com um pulo, estava suando, exausto e com a respiração ofegante. Sentou-se na cama, tomou um pouco d'água do copo que sempre ficava na mesinha de cabeceira. Olhou as horas, eram quatro e quarenta e cinco. Lembrou-se de que chegara em casa muito cansado, deitou-se, dormiu e teve um sonho confuso, no qual alguém entrava no seu quarto e, de repente, ele estava no galpão e escutava "Burro! Você é desprovido de inteligência!". Ficava paralisado, sentia medo, não conseguia nem falar nem sair do lugar. Esforçava-se para ver quem o xingava, mas via somente vultos. Como por encanto estava entre amigos. Via Maura, a esposa do tenente Hipólito a sorrir e lhe falar: "Muitos são inocentes, e um só é o culpado!". Ouvia gargalhadas, alguém o pegava pelo colarinho da camisa, ele voava e sentia cair. Acordou assustado com a sensação que ainda ouvia uma gargalhada.

— Ainda vou morrer com um destes sonhos — Henrique falou baixinho. — Que confusão! Além de não entender o que sonho, fico apavorado. Também com o dia que tive! Crimes, galpões, brigas... só pode resultar nisso. Será que mamãe tem razão em querer que eu deixe a polícia e me dedique a algo mais calmo? Vou tentar dormir de novo.

Acomodou-se na cama e voltou a dormir.

Levantou-se e foi almoçar. Comentou com a mãe sobre a investigação das vítimas órfãs e contou:

— Sonhei de novo, ou tive um pesadelo, que, depois de voar, eu caía. A sensação é de que caí mesmo. Acordei apavorado. O que esses sonhos significam? Ou tive este um sonho ruim pelo meu dia agitado?

— Íamos ontem à dona Celeida. Vamos agora? — perguntou dona Isaura.

— Vamos. Mamãe, não é caro o que ela cobra?

— É o preço! Você precisa se benzer. Não é normal escutar vozes. Algum espírito o está perseguindo.

Acabaram de almoçar e saíram. Foram à pé. Dona Isaura não gostava de motos e, como não era longe, foram andando por uns oito quarteirões. Chegando lá, esperaram somente alguns minutos e entraram na sala de atendimento.

Dona Celeida era uma senhora com cinquenta anos aproximadamente. Estava sempre com os cabelos presos para trás. Usava óculos de aros grandes e suas unhas eram grandes e esmaltadas de vermelho. A mãe, dona Isaura, entrou junto na sala reservada aos atendimentos.

— Pague-me primeiro — pediu dona Celeida.

Henrique pagou, e a mulher pediu para sentar numa cadeira que estava no meio do cômodo. Com um ramo verde começou a rezar, ora baixinho ora mais alto, e a passar o galho pelo corpo do moço. Depois, jogou sal em sua cabeça e algumas gotas de água perfumada. Acendeu um charuto e jogou a fumaça várias vezes nele.

— Está limpo! Agora coloque sua cadeira aqui na frente desta mesa — ordenou dona Celeida.

Henrique obedeceu. Estava atento a todos os movimentos da mulher.

— Pode perguntar. O que está lhe acontecendo? — perguntou dona Celeida.

— Quero saber algumas coisas — respondeu Henrique. — Primeiro, por que a senhora cobra caro?

— Se é caro para você, é porque ganha pouco — respondeu a mulher. — Não é caro pelo trabalho que faço. Atendo a qualquer hora, como agora no horário de almoço, e tenho de tirar o meu sustento disto porque não faço outra coisa.

— A senhora é espírita? — quis ele saber.

— Não sou! O trabalho de mediunidade não é privilégio dos espíritas. Somos espíritos livres e fazemos o que queremos. Não tenho rótulo religioso. Sigo minha intuição. O que faço aprendi com meu avô e fui aperfeiçoando. Tenho o dom de ouvir e falar com os espíritos.

— Têm mortos trabalhando para a senhora?

— Trabalhando para mim, não! — respondeu dona Celeida falando rápido. — Trabalhando junto a mim, sim. Não é morto, já que a morte não existe. Quando este corpo de carne morre, nós, o "eu" verdadeiro, que não acaba jamais, continua a viver de outro modo. Também não sou benzedeira.

— O que a senhora é? — Henrique quis saber.

— Alguém que ajuda as pessoas. Mas vamos lá, meu rapaz, o que quer saber?

— Ele está tendo pesadelos — interrompeu dona Isaura. — Tem escutado vozes.

— Vamos ver quem é.

Dona Celeida concentrou-se e fungou. Mãe e filho esperaram impacientes por alguns segundos. De repente, a médium começou a falar com voz diferente e virando os olhos.

— *Você tem de pegar o psicopata! Incompetente! Você tem de pegá-lo e fazê-lo pagar pelas maldades que faz!*

— Quem é você? Um espírito? — perguntou Henrique.

— *Um espírito desencarnado. Imbecil! Como o deixou escapar?*

— Calma aí, senhor espírito desencarnado. Não me xingue! Não sou incompetente! Incompetente é você! Se quer que eu pegue esse criminoso, por que não me conta quem ele é?

— *Pensa que é simples assim?* — falou dona Celeida repetindo o que o espírito lhe dizia.

— Mas me chamar de incompetente é simples!

— *Este intercâmbio mediúnico não é fácil* — falou a senhora o que ouvia. — *Queria muito lhe dizer quem é o monstro, mas, se eu o fizer, o que você vai fazer? Acreditará? Não poderá prendê-lo sem provas. E ele é esperto. Se não fosse, já teria sido preso. Se ele desconfiar que você sabe, ele vai matá-lo, porque você é um imbecil. Depois, posso dizer nessas comunicações somente coisas rotineiras, comuns. Não consigo fazer com que esta mulher repita com fidelidade o que eu falo.*

— Não me atrapalhe! Cuide de sua vida! — pediu Henrique.

— *Cuido da minha e da sua também. Enquanto não pegar aquele assassino, não paro de lhe dizer que é incompetente!*

— Você que é, como também sua família! — exclamou Henrique.

— *Você é abusado! Não ponha a família no meio. Está bem, não o xingo mais. Vá atrás, por favor, do monstro.*

— É meu trabalho, vou, sim. Quero, mais que tudo, prendê-lo. Mas você, espírito desencarnado, não pode me dar nenhuma pista? Desculpe-me, mas você tem um nome bem estranho, diferente: "desencarnado".

— *"Desencarnado" não é meu nome, imbe...* — exclamou a mulher falando de modo diferente. — *"Desencarnado" é meu estado atual, quer dizer, estou vivo depois que meu corpo carnal morreu. Entendeu?*

— Sim, penso que sim.

— *Estude o caso. Tenho de ir.*

— Nada disso. Fique e continue a conversar se for homem — desafiou Henrique.

Mas a médium abriu os olhos e voltou a falar como na hora em que os recebeu e perguntou:

— E aí, moço, resolveu a questão?

— Nada! Está tudo muito confuso — respondeu dona Isaura.

— Acabou! — determinou dona Celeida.

— Terminou assim, sem eu entender? — indagou Henrique.

— A senhora viu alguma coisa com o meu filho? — perguntou dona Isaura.

— Vi três espíritos, um deles aproximou-se de mim, e aí não vi mais nada. O que ficou perto de mim deve ser o chefe. Penso que eles querem que você, moço, faça algo para eles.

— Eles estão me perturbando! — queixou-se o moço.

— Eu não tenho nada com isso. Acabou, façam o favor de ir embora.*

Mãe e filho se levantaram, e ele perguntou:

— Como é este espírito? Feio? Bonito?

— Meu filho quer saber se eles são maus ou bons? — intrometeu-se dona Isaura.

— São mais bons do que maus. Pelo menos com você. Eles não querem que nada de mau lhe aconteça. Eles odeiam o ser monstruoso. Se você fizer o que eles querem, não corre perigo.

— Como se fosse fácil! — exclamou Henrique indignado. — Sei o que tenho de fazer e não farei por eles, por estes espíritos desencarnados, farei para não haver mais vítimas. Vamos embora, mamãe!

Saíram. Henrique estava nervoso. Na rua, desabafou com a mãe.

— Paguei caro por nada.

— Meu filho, você não foi gentil com aquele espírito, com a alma do outro mundo.

---

* N. A. E.: Aqui foi descrita uma manifestação mediúnica. Ainda bem que essa médium afirmou que não tinha religião nem era benzedeira. Essa senhora usava de sua mediunidade para ganhar dinheiro. Realmente, pela mediunidade, dizer nomes ou assuntos importantes desconhecidos dos encarnados não é fácil. Depois, há determinados fatos que médiuns são impedidos de falar.

— A senhora não ouviu o que falei foi com a mulher? Depois, a tratei como fui tratado. Estou cansado de ouvir que não sou capaz!

— Não fique nervoso! — pediu a mãe. — Esse assassino está deixando-o louco. Acabará por adoecer.

— Mamãe, por aqui, no bairro, não tem outro local para pedirmos ajuda? Queria conversar com esse desencarnado de homem para homem.

— Existe um centro de umbanda no fim desta rua. Lá eles não cobram nada. Quer que veja para você a possibilidade de irmos a este lugar?

— Faça isso, por favor, mamãe. Se esse espírito me xingar novamente, vou dar um soco na cara dele.

— Espero que não esmurre o médium! — exclamou dona Isaura.

Chegando em casa, Henrique pegou sua moto e foi para a delegacia. Garcia lhe informou:

— O irmão da vítima, da moça que socorreu, está aqui o esperando. O delegado deixou ordem para você atendê-lo.

— Tudo bem, ordens são ordens — concordou Henrique. — Peça para entrar.

Logo um rapaz entrou. Henrique o reconheceu, pois era o moço que acompanhava a mãe de Raquel no hospital. Cumprimentaram-se, apresentaram-se e Rafael, assim chamava o moço, foi direto ao assunto:

— Investigador, minha mãe dispensou o policial que estava de guarda no hospital. Ela não quer proteção. Estou preocupado com minha irmã. Como está encarregado do caso, peço-lhe que seja sincero comigo e me responda: minha irmã corre perigo? Será que esse assassino não voltará a atacá-la? A residência das duas, de minha mãe e irmã, é bem segura, porém não sei o que fazer.

— Como testemunha, com certeza sua irmã não corre perigo, já que não pode nos ajudar, ela não viu o agressor. Também esse psicopata, com certeza, deve saber que sua irmã estará mais precavida.

— Com certeza estará. Será que devo comprar uma arma? — perguntou Rafael.

— Não deve fazer isso. Não é o caso de ter uma arma. Elas são perigosas. Você sabe atirar?

— Não, mas posso aprender — afirmou Rafael.

— Teria coragem de atirar numa pessoa?

— Não sei, talvez para defender alguém.

— Muitos acidentes acontecem com armas de fogo. Confie na polícia, prenderemos esse homem. Aconselho-os a serem cautelosos, não deixem sua irmã sozinha e que todos estejam atentos; qualquer atitude suspeita, chamem-nos que vamos de imediato.

— Prenda-o, por favor — pediu Rafael —, somente assim ficaremos tranquilos.

— Faremos o possível.

Despediu-se, e Henrique pegou todos os relatórios, tudo o que tinha arquivado sobre os crimes das órfãs e se pôs a lê-los. Somente um dos crimes aconteceu no período da manhã, os outros foram à noite. O assassino não deixou pistas em nenhum deles. As famílias das moças mortas tinham prestado depoimentos tentando ajudar, colaboraram com as investigações. Pelas fotos, todas eram jovens e bonitas. Mesmo acostumado a ver muita violência, Henrique indignou-se com tanta maldade.

"Ele é inteligente!", pensou. "Deve planejar bem e com detalhes esses ataques. Escolhe as moças do mesmo tipo físico. Por que essas características? Morenas-claras, cabelos compridos, altas e magras."

Teve de parar com sua leitura para atender duas pessoas, depois conversou com Meire, e ela quis saber:

— O que você acha desse psicopata? Já tem alguma ideia de como é ou de quem possa ser?

— Penso que ele é perigoso — respondeu o investigador. — Não sei quem ele é, afirmo que é um *serial killer* que deve ter um problema enorme com órfãs. Estava na delegacia, há um ano, quando a quinta vítima, Vanusa, foi encontrada morta. O pai e mãe haviam estado aqui e em outras delegacias para comunicar o desaparecimento da filha. Ela era manicure e, às vezes, ia em casas de clientes para atendê-las. Não foi dada muita atenção a eles, e, horas depois, foi encontrado seu cadáver. O genitor voltou aqui, chorou, gritou, xingou e o delegado o acalmou. Lembro-me de que nosso chefe estava com a mão machucada naquele dia. Era a única que tinha pai, não era órfã.

— Por que será que ele matou Vanusa, que não era órfã? — perguntou Meire.

— Mistério! E as jovens tinham atividades diversas: professora, manicure, estudante, comerciária, guia turística, secretária e uma delas estava desempregada, mas estudava. Todas solteiras, nenhuma casada, embora uma fosse noiva. Meu objetivo é prender esse criminoso.

— Quando penso — falou Meire — que outras jovens podem morrer, me dá até arrepios. O que você pensa em fazer? Como conduzirá as investigações?

— Vou conversar com as famílias das moças. Sei que isso já foi feito, mas talvez possa saber de mais alguma coisa. Depois, vou visitar Raquel e então estudar tudo muito bem. Uma coisa me intriga: será que o assassino conhecia as vítimas? Todas? Será que existe relação entre elas? Como ele sabia que elas eram órfãs? Porque não se costuma perguntar "Você tem pai?", "Seu genitor morreu?".

"É por aí que tem de investigar. Vamos logo com isso, im..."

— É a sua avó! — exclamou ele após ter ouvido a voz dentro de sua cabeça.

— O quê? — perguntou Meire. — O que você falou? Disse que é minha avó? O que minha vovozinha tem com isso?

— Nada, Meire, desculpe-me. É que lembrei que hoje é aniversário de minha avó — Henrique inventou para se justificar. — Esses crimes estão me deixando louco.

— Cuide-se! — Meire riu.

— Acha mesmo que tenho de me cuidar? — perguntou Henrique preocupado.

— Todos nós temos. Você está ótimo, falei brincando. Mas não se envolva demais.

— Já me envolvi. É questão de honra resolver esses assassinatos. Vida ou morte!

— Que trágico! — exclamou Meire.

— Pois não é? Vida, se ele não conseguir matar mais ninguém; morte, se ele conseguir.

Meire afastou-se e ele voltou a ler os relatórios.

As famílias

No outro dia, Henrique saiu para visitar as famílias que conseguiu agendar. Telefonou antes marcando a visita. A da quarta vítima tinha mudado de cidade. Naquele dia visitaria a da primeira e a da quinta, que moravam relativamente perto. Também planejou visitar a da segunda, mas não conseguiu deixar agendado porque a família não tinha telefone. Foi de moto. A mãe da primeira vítima do maníaco das órfãs, assim como todos na delegacia, chamava-o de *serial killer*. Recebeu-o na sala.

— Estou pronta — disse a senhora — para colaborar com a polícia. Tudo farei para que prendam o assassino de minha filha Maria Isabel. Estão investigando novamente por causa da moça que foi atacada esta semana?

— Sim — Henrique preferiu ser sincero. — Nós não deixamos de investigar, mas desta vez ele não conseguiu matar a moça. Conte, por favor, para mim, o que pensa ser importante, tudo o que lembrar sobre a morte de sua filha.

— Minha menina era boa moça. Meu marido faleceu há sete anos, o pai dela. Nós a amávamos demais. Ontem sonhei com meu marido. Ele sorriu no sonho e me disse: "Vem alguém aqui da polícia conversar com você. Conte-lhe tudo!". Quando o senhor me telefonou, assustei-me, mas entendi que o sonho foi profético e que meu amado marido, lá do Além, olha por mim. Pensei muito em tudo e não me recordei de nada de novo que pudesse acrescentar. Maria Isabel, naquele dia, saiu de casa como de costume, no mesmo horário, e somente voltaria às vinte e duas horas e quarenta e cinco minutos, depois da escola. Somente percebi que ela não voltara para casa no outro dia pela manhã quando fui ao seu quarto chamá-la. Apavorei-me; minha nora e eu fomos à escola e foi-nos informado que Maria Isabel não fora na aula na noite anterior. Meu filho, tenho dois somente, pediu licença no trabalho e fomos à delegacia. Lá deram desculpas e disseram seguir normas, que não poderiam procurá-la antes do tempo determinado do desaparecimento. Então meu filho e eu fomos procurá-la. Fomos no seu emprego. Minha menina estudava à noite e trabalhava durante o dia, era esforçada e trabalhadeira. Lá ficamos sabendo que Maria Isabel recebeu um telefonema, todos saíram, ela ficou, e ninguém mais a viu. A polícia procurou-a, mas foram umas crianças que encontraram seu corpo numa vala, num local isolado, cinco dias depois. Uma colega de trabalho nos contou e também falou à polícia, que o telefonema que minha filha recebeu era sobre uma proposta de emprego.

— Ela comentou isso com a senhora, a possibilidade de mudar de emprego? — perguntou Henrique.

— Não. Embora desejasse ganhar mais. Isso, todos querem. Concluí, e penso que a polícia também, que o criminoso conhecia minha filha. Telefonou e deve ter marcado um encontro. Ela deve ter entrado no carro dele porque Maria Isabel não pegou táxi nem ônibus, a polícia investigou isso. Pelo exame, concluíram que minha filhinha morreu naquela tarde em que desapareceu.

Henrique viu em cima de um aparador várias fotos.

— É sua família? — perguntou.

— Sim — a senhora pegou dois porta-retratos, deu para o investigador e mostrou —, este é meu filho, esta sou eu, este é meu marido, e aqui está Maria Isabel. Nesta foto ela está sozinha. Não era linda?

— Era sim, muito bonita — concordou Henrique.

— Como se chamava seu esposo?

Ele perguntou por que, ao ver a foto, sentiu uma estranha sensação de que o conhecia.

— Mário, e meu filho é o Marinho.

— Por acaso seu esposo costumava chamar as pessoas de "incompetentes"?

— Era costume dele, sim. Ele era trabalhador, simpático, um excelente pai — respondeu a senhora, sem prestar atenção na estranha pergunta.

— Ele era rancoroso? — Henrique quis saber.

— Sim, muito, e vingativo também. Mas por que pergunta isso? Tem importância esse fato?

— Nenhuma. Estou somente pensando que muitos pais, tendo suas filhas mortas, pensariam em se vingar. A senhora se vingaria?

— Não sou muito religiosa — respondeu a senhora —, pelo menos não a ponto de perdoar algo assim. Não perdoei! Talvez, se souber que ele está preso e sofrendo na prisão ou que foi morto e está no inferno, perdoarei. Mas, sabendo que ele está por aí planejando matar outras jovens e fazendo outras mães sofrerem, não o perdoo. Gostaria de ficar com ele por trinta minutos (ele amarrado, é claro), iria torturá-lo tanto que este criminoso iria clamar pela morte. Eu o odeio!

— A senhora tem alguma ideia de como esse psicopata sabia que sua filha era órfã?

— Visto luto até hoje pela morte de meu marido. Para todos que me conhecem, sou uma viúva honesta e muitas pessoas comentam sobre minha viuvez. Nunca escondi de ninguém meu luto. Porque luto é como uma doença grave, não deve ser ignorado, tem de ser tratado.

Henrique observou-a, a senhora usava roupas pretas de mangas e gola.

— Espero prender esse sujeito! — exclamou o investigador.

— Também espero! — desejou a senhora.

Despediu-se e saiu da casa sentindo mal-estar.

"Credo", pensou, "sentimento de rancor não faz bem nem a quem não tem nada a ver com ele. Ela expressou com ódio e, enquanto falava, se envolvia em uma energia tão negativa que me atingiu. Se a mãe é assim, o pai também deve sentir o mesmo. Sentimentos não mudam com a partida para o Além. Tenho quase certeza de que o espírito que me perturba é este Mário. Ele falava muito 'incompetente'! Ai, Jesus!".

Foi à casa que não tinha telefone e teve sorte de encontrar a mãe de Neide, a segunda vítima, em casa. Ela o recebeu, e a entrevista não foi muito diferente. A moça era boa pessoa, excelente filha, trabalhava numa fábrica. Foi a polícia que comunicou que haviam encontrado a filha morta, assassinada. Aquela senhora tinha outros quatro filhos, era pobre e nunca entendeu o que aconteceu com a filha.

— Neide tinha namorado? — perguntou ele.

— Ela era noiva, não tinha marcado o casamento ainda.

— Posso ver uma foto dela?

— Tenho muitas, vou pegá-las para o senhor ver.

A senhora pegou um álbum que estava na gaveta.

— Veja como ela era bonita.

— Ruiva? Sua filha era ruiva? — Henrique perguntou admirado.

— Pintava os cabelos, ela tinha os cabelos castanhos.

— A senhora é viúva há muitos anos?

— Faz doze anos que meu marido morreu — respondeu a senhora.

— Seria fácil saberem que sua filha era órfã de pai?

— Foi pelo concurso!

— Concurso?

— Na festa — explicou a senhora — de aniversário da cidade, eles fazem concurso de rainha e outro da mais bela, cada ano com um tema. Minha filha participou de um que era "a mais bela órfã". E os temas são variáveis ("a mais bela afrodescendente", "comerciária", "cabeleireira"), e há três anos foi o da órfã, que podia ser de mãe e pai ou de um deles. Minha filha se inscreveu e ficou em segundo lugar. A festa foi bonita. Para se inscrever, tinha de comprovar que era mesmo órfã, com a certidão de óbito. Penso que eles vão acabar com esse concurso porque o último foi "a mais bela sambista", e ganhou uma moça que não participava de escolas de samba.

Henrique lembrou-se das festas, que eram sinônimos de muito trabalho, pois aconteciam brigas, bebedeiras, roubos, assaltos e, às vezes, até assassinatos. Nunca prestou atenção às festividades.

"Como isso nos passou despercebido?", pensou. "Não sabia que havia tido um concurso da mais bela órfã."

"*Imbecil! Incompetente!*"

Henrique escutou, mas ficou quieto e continuou a indagar:

— A senhora perdoou o assassino?

— Ele não me pediu perdão! Nunca irei perdoá-lo. Jamais. Quero-o no fogo do inferno e pela eternidade. Já que o senhor veio aqui, peço-lhe, mate-o devagarinho ou prenda-o e o torture todos os dias.

Henrique sentiu novamente um mal-estar, agradeceu a senhora e se despediu.[*]

---

[*] N. A. E.: Realmente, sentimentos fortes são irradiados, tantos os bons como os ruins, e as pessoas mais sensíveis sentem essas irradiações, levando-as a se sentirem bem ou não. Ódios, sentimentos de vingança, rancores e mágoas produzem energias maléficas que, de fato, causam mal-estares tanto em quem os sente quanto quem está perto, e normalmente esses sentimentos são enviados à pessoa por quem se sente tanta raiva, e esta pode ser receptiva ou não.

"Como existem pessoas que não perdoam!", pensou Henrique.

"*E você, perdoaria? Você não tem filhos, mas e se fizessem isso com sua mãe? Não critique e trabalhe!*", a voz novamente.

Ele não respondeu, foi tomar um café num bar e, enquanto saboreava o cafezinho, pensou: "De fato, de quem menos sabemos é da segunda vítima. Ela foi encontrada num terreno baldio onde costumava passar para encurtar caminho quando ia para o trabalho numa fábrica. Foi encontrada por um casal de namorados que se desviaram da trilha. Uma coisa me intriga. Esse assassino não convivia com as vítimas. Será que as conhecia? É mais fácil escolher pelo tipo: olha-se e pronto. Mas ele quer as órfãs de pai. Por quê? Como soube que eram órfãs? Terá sido pelo concurso?".

"*Primeiro, escolhe o tipo, depois verifica se é órfã. Imbecil!*"

Escutou a voz, quase respondeu, mas pensou: "Não sou imbecil! Você que é!".

Pagou o café e foi para a casa da mãe da quinta vítima, a Vanusa. A senhora demonstrou ainda sofrer muito. Contou que a filha era boa pessoa e trabalhadeira.

— Senhora, sua filha Vanusa se inscreveu no concurso da mais bela órfã? — perguntou Henrique.

— Sim, ela iria participar do concurso, mas não chegou a fazê-lo. Vanusa era muito bonita.

— Ela não era órfã — comentou o investigador.

— Como não era? Claro que sim! O senhor está dizendo que minha filha fraudou para se inscrever? Era órfã de pai!

— Mas nos relatórios consta que o pai fez um escândalo na delegacia.

— Aquele homem — falou a senhora — era meu marido, não o pai de Vanusa. Vou explicar ao senhor. Contarei minha triste história. Não se preocupe, vou resumir, serei breve. Fiquei viúva quando Vanusa tinha dois anos. Logo depois, conheci esse homem, casamos, e ele sempre tratou minha filha muito bem. Não tivemos filhos. Quando ela ficou adolescente, ele tinha ciúmes dela e até a vigiava. Ela se inscreveu no concurso escondido e, quando meu marido ficou sabendo fez um escândalo e não a deixou participar. Depois que ela morreu, percebi que não era somente sofrimento de um pai. Ele amava-a como mulher. Não sei se Vanusa percebeu e agora não tenho como saber. Não nos entendemos mais e nos separamos.

— Será que não foi ele quem a matou? — perguntou Henrique. — Um homem desprezado, com um amor doentio, é bem capaz de tudo.

— Ele é um canalha, mas não é assassino! Não o estou defendendo. Na noite em que Vanusa foi morta, tenho certeza de que ele estava em casa. Não dormimos, ele e eu ficamos esperando-a. Ela não voltou para casa nem nos avisou. De manhã, fomos à polícia e começamos a procurá-la.

— E agora, onde ele, seu ex-marido, está?

— Num país distante — respondeu a senhora.

— Tem certeza? Ele pode ter voltado, tentado matar outra moça.

— Penso que não! — afirmou a senhora. — Se quiser checar, tenho aqui o endereço dele, esse homem me escreve de vez em quando. Não nos separamos oficialmente e temos bens em comum.

A senhora pegou a carta e Henrique rapidamente anotou o endereço.

— A senhora os perdoou? O assassino e seu ex-marido?

— Queria lhe dizer que sim, mas não posso perdoar um ser tão maldoso que acabou com minha filhinha. Quanto ao meu ex-marido, penso que sim, ele não teve culpa por se apaixonar por ela. Nós dois sofremos.

Ele agradeceu e se despediu.

Depois foi para a prefeitura e lá pediu para falar com a pessoa encarregada pelas festas que ocorriam nas comemorações do aniversário da cidade. Uma moça o atendeu e explicou:

— É uma comissão que organiza essas festas. Tem a participação de muitas pessoas. O que o senhor quer saber?

— Você deve estar sabendo sobre os assassinatos de moças ocorridos na cidade.

— Um absurdo! — interrompeu a moça. — Isso está acontecendo pela incompetência da polícia.

Henrique balançou as mãos e se esforçou para não responder grosseiramente, não aguentava mais ouvir as palavras "incompetente" ou "incompetência". A moça percebeu, suavizou a voz e perguntou:

— Para o que o senhor precisar, estarei à disposição. Em que posso ajudar?

Henrique falou da festa, do concurso da mais bela órfã e perguntou:

— Como se escolhe o tema?

— Dois meses — respondeu a moça — antes da festa, fazemos uma reunião: prefeito, vereadores, autoridades e muitos outros dão palpites, e um deles é escolhido. Reunimo-nos na semana passada para escolher, houve discussões, e nada ficou decidido. Houve brigas na escolha da festa anterior, talvez não vá mais existir esse concurso, somente o da rainha.

— Existe alguma exigência para participar? Como ser solteira?

— Não, senhor — respondeu a atendente. — As misses podem ser solteiras, ter namorados, ser noivas ou casadas. Elas somente têm de se encaixar no tema pedido.

— Podem ser lésbicas?

A atendente sorriu e respondeu:

— Não se faz concurso com preconceito, podem ser de qualquer religião, raça e não é perguntada a orientação sexual.

— Vocês guardam as inscrições de anos anteriores? Posso vê-las? Na hora do desfile foi dito se a moça era órfã de pai, de mãe ou de ambos?

— Não guardamos as inscrições. Após o concurso, são todas jogadas fora. Mas, no período de inscrição, qualquer pessoa pode lê-las, analisá-las. No desfile, somente foi dito que as concorrentes eram órfãs. Para participar, as moças tinham de trazer documentos afirmando a orfandade. O que temos desse concurso são duas fotos que estão arquivadas.

— Posso vê-las?

A atendente o conduziu a uma sala e lhe mostrou as fotos, que estavam entre muitas, de todos os anos, na parede.

— Aqui estão. São tiradas muitas fotos, escolhemos duas, e o resto é doado às candidatas, as que sobram são rasgadas.

Numa foto, estavam todas as candidatas; na outra, as três finalistas. Ele as olhou bem e reconheceu Neide, que ficou em segundo lugar. A primeira era afrodescendente, e a terceira era loiríssima. A que tinha todas juntas, ele ficou em dúvida: na foto, elas estavam com roupas de festa e muito maquiadas.

"Pena não ter os nomes das candidatas", lamentou.

Agradeceu e saiu do prédio. Como não teve tempo de almoçar, comeu um lanche e foi para a delegacia. Assim que chegou, Meire lhe deu a notícia:

— A mídia noticiou e alertou todas as jovens órfãs. Muitas famílias estão apavoradas. Hoje já vieram cinco moças órfãs, somente uma se encaixou no padrão do nosso psicopata.

— "Nosso"? — perguntou Henrique.

— Modo de dizer. Se ele for de alguém, deve ser do capeta. Mas como dizia: esta com quem me preocupei é órfã de pai, tem cabelos e olhos castanhos. Ela afirmou que cortará os cabelos e os tingirá de loiro. Garcia as está atendendo e eu estou ajudando. Estou preocupada com esses crimes sem solução, essas famílias estão sofrendo, e muitas pessoas estão apavoradas. Garcia as está aconselhando a não saírem sozinhas e a serem precavidas. Uma mãe queria proteção para a filha vinte e quatro horas. Estamos dizendo que por agora não correm perigo, pois ele sempre dá um intervalo entre os crimes. Mas desta vez...

— O que tem desta vez? — perguntou Henrique.

— Como ele — respondeu Meire — não concluiu seu crime, deve ter continuado com desejo e talvez volte logo a cometer outro ataque.

O delegado entrou na sala e indagou a Henrique como estavam indo as investigações. Ele contou, e o chefe disse:

— Nós não apuramos nada! Tive permissão para dar recompensa a quem nos der pistas. Eloy andou por toda a região da escola e não descobriu quem nos informou. Um aluno disse ter visto um andarilho por lá e o descreveu como magro e alto. O telefonema foi dado do orelhão perto da escola. Não encontramos nada nos galpões que fosse suspeito.

— Somente uma das moças mortas que constatei até agora tinha namorado, era noiva — comentou Henrique.

— Será que eram lésbicas? — perguntou Meire.

— Não sei, pode ser. Quando conversar com as outras mães, talvez possa ter essa resposta.

Henrique contou de Vanusa.

— Então — comentou o delegado —, aquele senhor não era o pai dela, era um apaixonado! Fez tamanho escândalo aqui... Verifique se ele está no país citado no endereço da carta.

— Vou fazer isso — afirmou.

Fez e depois foi anotar nos relatórios o que apurou. Garcia entrou na sala resmungando.

— Que dia! Tudo por culpa desse maníaco assassino! As órfãs estão em pânico. Teve uma senhora que queria me agredir, acusou-me de não estar lhe dando a atenção que merece. Que desespero!

— Todos sofrem — falou Henrique. — Hoje conversei com três mães dessas moças mortas, senti nelas muita tristeza e saudade.

— Culpam-nos! — resmungou Garcia.

— De fato não conseguimos pegá-lo.

— Temos nossas limitações. O cara não comete erro! — exclamou Garcia. — Admiro-o! E ainda tem bom gosto.

— Admira? — espantou-se Henrique.

Garcia sorriu desconcertado e tentou justificar o que falou.

— Por ele estar nos vencendo. Somente por isso. Vou atender mais duas senhoras.

"Tudo isso é muito triste!", pensou Henrique.

Acabado seu turno de trabalho, foi para casa.

O auxílio da umbanda

Henrique chegou em casa aborrecidíssimo e ficou mais ainda quando olhou para a mãe.

"As outras senhoras são mães também e sofrem pelas mortes de suas filhas. Não posso ficar arrasado, mas estou! Sei, pelos estudos dos casos de *serial killers*, que estes normalmente são pessoas inteligentes, alguns com traumas, e muitos se sentem importantes matando. A maioria não tem sentimentos como os das pessoas normais. Mas este é muito inteligente, não deixa rastros. Sabemos somente que mata jovens órfãs de pai, bonitas, com cabelos e olhos castanhos. Preciso achar mais pistas. Pensei que seria difícil saber que as jovens eram órfãs de pai, mas depois do concurso ficou fácil. E muitas pessoas souberam desse detalhe no concurso. Bastava ver as inscrições, nas quais havia nomes completos e endereços, para ter tal conhecimento. Quase todas as vítimas participaram da festividade."

— Você está calado e triste — observou dona Isaura. — Por que, meu filho?

— Mamãe, hoje conversei com três mães das moças assassinadas. Senti muita pena dessas senhoras. Sofreram e ainda sofrem.

— Posso calcular. Sou viúva e ainda bem que não tenho filhas, senão estaria muito preocupada. Tenho somente você e Márcio de filhos. Faça, meu querido, o que puder para resolver este caso, mas sem se estressar tanto. Vamos pedir a Deus para que prendam esse ser monstruoso.

— Mamãe, Deus criou todos nós, as vítimas e também esse assassino, e o Pai Divino deve amá-lo. Será certo pedir a morte dele? Que ele seja castigado?

— Acredito — respondeu dona Isaura — que Deus esteja dentro de nós, que todos, sem exceção, são filhos Dele e que de fato o Pai Celeste nos ama. Mas cada um de nós guarda a Divindade de um modo. Em poucos, Deus está numa redoma de puro cristal, irradiando-O, e isto é a coisa mais importante para estes seres. Outras pessoas O guardam em redoma de vidro; alguns, de madeira, e a Ele é dada pouca importância. Infelizmente, em alguns parece que Deus está dentro de uma redoma de pedra, em outros, de aço e é ignorado. Devemos, nestas agressões, pensar nas vítimas. Proteger os mais fracos e inocentes.

— Será que aqui na Terra existem inocentes? — perguntou Henrique.

— Nesta vida, tudo mostra que elas são inocentes e que foi injusto o que lhes aconteceu. Porém, se você pensar nos porquês, encontrará explicações na reencarnação.

— A senhora tem falado muito em reencarnação. Por quê?

— Tenho — respondeu a mãe — pensado muito nesta possibilidade. Houve motivos para que estas moças e não outras morressem desse modo? Mas, se acreditar na reencarnação e que recebemos de volta o que fazemos, é mais fácil acreditar em Deus. Não quero mais crer sem raciocinar e, se raciocinar, chego até a lei de que nosso espírito volta ao corpo carnal várias vezes.

— Independentemente de haver motivos para que essas órfãs tenham morrido assassinadas, temos de parar este criminoso.

— Tome um bom banho, jante, fique comigo vendo um pouco de televisão e depois vá dormir, você precisa descansar. Amanhã tem atendimento no centro de umbanda, as pessoas que vão lá recebem o passe e conversam com os espíritos trabalhadores do local. O atendimento é das vinte às vinte e duas horas. Venha mais cedo da delegacia para irmos.

Henrique não respondeu, mas fez o que a mãe pediu: dormiu cedo, estava cansado. E teve um pesadelo.

Sonhou que corria atrás de alguém, caía num buraco e pegava a perna de um cadáver. Sentia-se puxado e saía do buraco. Então, via um homem, sabia que era um espírito e falava: "Mário, não me atormente! Pare!". Ele gritava: *"Não paro! Pegue este criminoso! Não procure longe, ele está perto! Não seja incompetente!"*. Ele respondia: "Pare, Mário, pare! Não me xingue! Você que é!". Voltava a correr.

— Henrique! Meu filho! Acorde!

Acordou com a mãe sacudindo-o.

— Tive um pesadelo! — exclamou o moço assustado.

— Escutei você gritar do meu quarto — falou dona Isaura. — E foi depois de muito chamar e sacudi-lo que consegui acordá-lo. Está todo suado. Troque de pijama. Vou pegar para você um copo com água e açúcar.

Dona Isaura foi para a cozinha. Henrique se levantou e trocou de pijama. A mãe retornou e ele tomou a água.

— Mamãe, o que eu falei no sonho? Gritei o quê?

— Não deu para entender muito, escutei: "Mário, perto, incompetente é você". Penso que foi somente isso que entendi. Filho, desligue-se um pouco dessa investigação, por favor.

— Não posso — respondeu Henrique. — Mamãe, amanhã ou hoje, vamos ao centro de umbanda. Penso que o pai de uma dessas moças que morreu assassinada, que deve ser o Mário, quer que eu prenda o assassino da filha e tem me atormentado.

— Tente dormir novamente.

Dona Isaura acomodou-o no leito, apagou a luz, mas deixou a porta aberta, indo para o quarto dela. O moço tentou relaxar para dormir novamente, mas não conseguiu. Pensou no que lembrava do sonho: estava correndo (talvez atrás do assassino), foi empurrado num buraco, alguém o impulsionou para cima; depois de ter visto um espírito, sabia ou sentia ser um espírito, discutiu e chamou-o de Mário.

"Deve ser o pai de Maria Isabel. Se isto continuar, vou acabar enlouquecendo. Mário disse ser alguém que está perto. Embora esta cidade seja grande, ele está aqui; então, não está longe. Mas isso não ajuda em nada."

Demorou para dormir e acordou com a mãe chamando-o para ir trabalhar.

Com a mídia local e nacional noticiando os crimes, o delegado e o comandante da polícia militar foram entrevistados. A delegacia estava movimentada. Todos pareciam estar de mau humor. O dia foi tumultuado: roubos, assaltos... Henrique adiou as entrevistas, marcou para o dia seguinte as visitas às outras mães das vítimas. Foi almoçar em casa e saiu no horário para ir com a mãe ao centro de umbanda.

Foram às vinte horas e trinta minutos. O local era um salão grande, com muitas pessoas: as que haviam ido para receber auxílio estavam sentadas na parte de trás, na da frente estavam as que trabalhavam na casa.

— Aqui — explicou a mãe para Henrique, falando baixinho — não cobram nada. Peguei hoje à tarde duas fichas com números. Aquele senhor ali na frente chama as pessoas para serem atendidas. Temos de tirar os sapatos ao ir para a frente. Depois que entramos no círculo, aquela moça encaminha a gente para um médium que está sentado num banquinho, devemos sentar no banco à sua frente. O médium incorporado, ou seja, com o espírito bom perto, dá um passe e pode-se conversar com a entidade. Por favor, meu filho, seja educado. O espírito fala o que sabe e o que pode. Peça ao espírito para ajudá-lo a se livrar desse outro que o atormenta. Atrás dos médiuns, está outro grupo, dizem ser de apoio, que está cantando. Escute-os e relaxe!

— A senhora parece saber bem o que acontece aqui. Por quê?

— Aquela que está cantando, a última à esquerda, é Denize, nossa vizinha. Pedi à ela para me explicar, e ela me esclareceu.

Henrique atendeu à mãe, prestou atenção nas canções. Gostou, achou-as lindas, o ritmo cadenciado acalmou-o.

"Estou gostando daqui. Sinto-me bem!", concluiu.

Seus números foram chamados e eles tiraram os sapatos, foram para a frente do salão, e a moça o encaminhou para perto de uma senhora. Ele sentou-se na frente dela.

— Boa noite, filho! — cumprimentou a senhora com linguajar peculiar, falando errado, mas com vibração de amor. Henrique sentiu o carinho e se esforçou para não chorar.

— Boa noite! — respondeu ele. — Quero, preciso de ajuda.

— Vamos ver, filho. Pense em Jesus, nosso Mestre Amigo.

A médium passou as mãos por sua cabeça e tronco falando baixinho e orando.

— *O que preocupa o filho?* — perguntou a senhora, a médium, repetindo o que dizia o desencarnado amigo trabalhador da casa.

Henrique sentiu que conversava com um espírito. Viu, de forma confusa, alguém perto da médium. Respondeu emocionado:

— Alguém me persegue!

— *Ele quer o seu mal?* — perguntou o espírito.

— Penso que quer que eu faça algo.

— *E você não pode fazer?*

— Estou tentando — respondeu Henrique.

A médium calou-se por um instante e depois falou:

— *Filho, estes espíritos não querem o seu mal, realmente desejam que você faça seu trabalho e querem ajudá-lo, pois eles têm interesse nisso.*

— É mais de um? — ele quis saber.

— *É um grupo.*

— Mas eles estão me prejudicando — queixou-se Henrique —, deixando-me nervoso. Estou fazendo o que consigo. Por favor, afaste-os de mim.

— *Vamos conversar com eles e pedir para não atormentá-lo, não xingá-lo. Eles dizem ter um objetivo e, assim que concretizá-lo, não o incomodarão mais. Eles vão ajudá-lo!*

— Será que preciso da ajuda deles?

— *Está aqui para que, meu filho?* — perguntou o espírito através da senhora.

— Vim aqui e estou pedindo, mas não pedi nada a eles.

— *Trabalham no mesmo caso. Você e eles. Você melhorará, se sentirá melhor, dormirá tranquilo. Mas eles estão pedindo para se empenhar bastante.*

— Por que eles não me falam quem é a pessoa que procuro? Se querem mesmo ajudar, falando, tudo se resolveria.

— *Isto não pode acontecer, filho. Este intercâmbio tem normas e regras. Depois, a médium, não tendo conhecimento do assunto, teria dificuldade para transmitir. Tome banho do pescoço para baixo com ervas, três sextas-feiras seguidas. Pergunte à moça que encaminhou você aqui como se faz. É somente isso, pode levantar, nós o abençoaremos e pedimos para Deus protegê-lo. E logo o filho estará com um amor que lhe dará dois grandes amores. Vá com Deus!*

Deu por encerrado. A médium levantou a mão, e a moça que a auxiliava pegou no braço dele, ajudando-o a levantar, e falou:

— Ande de lado até o fim do círculo, não devemos dar as costas para o altar.

Quando ele sentou-se novamente na cadeira do salão, sua mãe já estava lá. Escutaram mais duas canções e depois foram embora.

— Gostei muito — disse dona Isaura —, falei ao médium que me deu passe dos meus problemas de saúde, e ele, o espírito, me receitou chás e banhos de ervas. A moça me deu uma folha com tudo bem explicado. Deram a você também?

— Não — respondeu Henrique, que não tinha a intenção de se banhar com ervas.

— Falei de vocês — continuou dona Isaura contando —, de seu irmão e de você. A entidade me disse que com Márcio está tudo bem e que com você também ficará, embora esteja um pouco perturbado com o trabalho. Falou que você está recebendo atendimento, sendo orientado e que logo vai se casar e ter filhos.

— Foi isso que me disseram. Quem me atendeu falou que ia ter um amor e depois dois amores. Porém, isso não me interessa, penso em ficar solteiro.

— Encontrará uma mulher que o fará mudar de opinião e terá dois filhos — concluiu dona Isaura.

— Como alguém pode saber disso? — perguntou Henrique.

— Penso que existem pessoas que têm o dom de ver os acontecimentos futuros, aqueles que estão acertados para ocorrerem.

— Falaram isso e não me contaram o que eu queria saber: quem está matando as moças — queixou-se o moço.

— Meu filho, esforce-se: faça, como sempre, seu trabalho e com certeza você ajudará a prender esse monstro. Mas, por favor, não fique obcecado.

— Como não, mamãe? Ainda mais que ninguém me ajuda. Na conversa com o espírito através da médium, ele me disse que vai pedir para os espíritos que me atormentam pararem e pegarem mais leve comigo. E eles afirmaram que querem me ajudar e não me aborrecer.

— Sendo assim, por que você, em vez de repeli-los, não dá atenção a eles? Quem sabe se unidos o resultado não será melhor?

— Dar mais atenção e ficar louco? Depois, eles me xingam.

— E você a eles — falou dona Isaura.

— Tem razão. Eles querem que eu faça algo que eu também quero fazer. Eles devem saber quem é o assassino. Por que não me falam?

— Se estes espíritos lhe disserem quem é, o que você fará? Vai prendê-lo e provar dizendo "alguns espíritos desencarnados me contaram"?

— Claro que não, mamãe! Se souber quem é, posso vigiá-lo.

— Se ele perceber poderá matá-lo. Pelo que sabemos, esse homem tem prazer em matar. Tenha cuidado, por favor, meu filho.

— Sempre tenho. Mas que seria mais fácil eles me dizerem quem é, seria. Mas, já que não podem, vou me dedicar mais ainda em prendê-lo; serei cauteloso.

Aquela noite ele dormiu mais tranquilo, como havia meses não fazia. Acordou bem-disposto e foi trabalhar.

A delegacia estava movimentada e Meire lhe deu o recado:

— O delegado nos proibiu de dar entrevistas. Mandou lhe dizer para ficar esperto com os jornalistas, principalmente com a Joana, aquela da televisão local. Alguém a informou que você quase pegou o assassino e que socorreu a vítima.

— Tomara que surja outro assunto interessante e eles nos deixem em paz — desejou Henrique.

— Pois surgiu — falou Meire —, um vereador foi acusado de desfalque, mas ainda se noticiam esses crimes. E você, tem escutado as vozes? Elas não lhe dizem nada de interessante?

Henrique arrependeu-se de ter comentado com os colegas que estava perturbado com os crimes e que escutava vozes que pediam para que prendesse o psicopata.

— Não tenho escutado mais, penso que era cansaço.

Escutaram gritos. Era um casal brigando. Meire foi tentar acalmar a mulher, que gritava:

— Homem fica do lado de outro homem! Quero ser atendida por uma mulher!

"Um casal", pensou Henrique, "ao se conhecer, quando namora, são só gentilezas. Casam ou ficam juntos, e, na maioria das vezes, dá nisto: brigas e mais brigas. Embora mamãe afirme que nem todos os casamentos são iguais, tenho visto muitas brigas, e algumas delas acabam aqui, na delegacia. Pelos gritos da mulher, o marido tentou matá-la e, pelas justificativas dele, a esposa o traiu. Não tenho ilusão de me envolver com ninguém. Embora o espírito ontem tenha me dito que vou ter amores, não acredito e, ouvindo estes gritos, afirmo: não quero! Vou sair da delegacia pelos fundos. Vou conversar com as outras mães. Que Deus me ajude!"

O perdão

Como não conseguiu agendar com a mãe de Marilena, a sexta vítima, Henrique telefonou novamente, desta vez a senhora atendeu e o xingou.

— O que você quer de novo? Quando Marilena faleceu de modo tão brutal, você esteve aqui, me garantiu que ia prender o assassino e até agora nada! — E completou: — Vocês da polícia são isto, aquilo etc.

Porém, disse que o receberia.

Marceano estava atento à conversa e riu.

— De que está rindo, seu novato?

— Claro que é de você! — respondeu Marceano. — Fica engraçado quando leva bronca. O que escutou de tão grave?

— Que já deveríamos ter prendido esse psicopata.

— "Deveríamos", não! Não estou na equipe. Se estivesse...

— O que faria? Posso saber? — perguntou Henrique.

— Uma coisa era certa, estaria como você, perdido.

— Não estou perdido, garoto.

— Não me chame de "garoto"! — zangou-se Marceano. — Não desconte em mim a bronca que levou.

— Não me ofendi, penso até que ela tem razão. Mãe é mãe!

— Se você sabe... É que eu não sou mãe e tenho a certeza de que não serei.

— Rapaz!

Marceano saiu rapidamente da sala, e Henrique também saiu. Pegou sua moto, viu que na frente da delegacia havia dois repórteres, e reconheceu Joana.

Atento ao trânsito, foi à prefeitura, procurou pela moça que o havia atendido e pediu:

— Preciso das fotos, das duas do desfile da mais bela órfã. Vou ficar com elas e, quando não precisarmos mais, devolverei. Aqui está o documento para pegá-las.

A atendente olhou o papel, foi à outra sala, trouxe as fotos e as entregou ao investigador, que as colocou num envelope. Henrique agradeceu, saiu e foi à casa da família da sexta moça assassinada. A mãe morava com sua outra filha, que era casada, e com os três netos. Curiosos, todos ficaram na sala escutando a conversa. Depois de cumprimentos, ele fez algumas perguntas.

— Marilena participou do concurso da mais bela órfã?

— Sim, participou — respondeu a senhora. — Infelizmente, não é um concurso honesto. Se fosse, Marilena teria ganhado. Ela gostou de participar, conheceu muitas pessoas agradáveis, ganhou roupas e pôde ir a um cabelereiro famoso.

— Sua filha tinha namorado? — perguntou ele.

— Ela teve alguns. Na época da festa, brigou com quem namorava por causa do desfile, depois voltaram e, quando ela morreu, não namorava ninguém.

— Ela tinha muitos amigos?

— Sim, muitos — respondeu a mãe.

— Olhe esta foto — pediu o investigador —, é de todas as moças juntas no desfile. A senhora conhece alguém? Alguma das moças?

A senhora pegou, olhou por um instante, suspirou e mostrou:

— Minha menina é esta. Não é a mais bonita?

— De fato — concordou Henrique. — Ela era bonita!

— Era! — exclamou a senhora e xingou Henrique, que ficou calado. Depois, olhou novamente a foto falou: — Esta aqui, de vestido azul, também morreu.

É Maristela, era amiga de minha filha, a família desgostosa mudou de cidade. Meu Deus! É pelo concurso que elas estão morrendo?

— Pensamos que seja por elas serem órfãs de pai. O criminoso deve ter sabido disso pelo concurso.

— Naquele ano — contou a senhora —, foi disputadíssimo, foram muitas as concorrentes. Não tenho certeza — a senhora mostrou Raquel —, penso que esta aqui também foi agredida, não me lembro como se chamava. Esta aqui, a família mora no bairro; ela morreu, mas não foi assassinada.

— Como ela morreu? — Henrique quis saber.

— Atropelada. Não sei direito o que aconteceu, parece que discutiu com o namorado, saiu do carro correndo e um outro atropelou-a.

— A senhora tem o endereço da família desta moça?

— Tenho, e se quiser explico onde fica, também tenho o endereço onde o ex-namorado dela trabalha, o moço é suspeito de estar dirigindo o carro.

A senhora lhe deu os endereços.

— O senhor quer saber mais alguma coisa? Não quer saber o que sofri e tenho sofrido?

— Posso calcular seu sofrimento. Agradeço-lhe por sua atenção. Obrigado.

— Prenda esse bandido! A maneira de o senhor agradecer é fazer justiça para as mães. Mate-o! Mas faça isso devagar, de forma que ele sofra bastante.

Henrique despediu-se por três vezes, porque a senhora o segurava, ora falando da filha, como era maravilhosa, ora do seu sofrimento. Alegando compromisso, ele saiu.

"Tenho", pensou ele, "horário marcado com a mãe da terceira vítima, a Silvana, mas, depois, mesmo sem marcar, vou à casa dessa moça que morreu atropelada".

A casa da mãe de Silvana era bem humilde, a senhora o recebeu com muita educação e explicou:

— Silvana era filha única, vivíamos uma para a outra, e ela, com seu ordenado, me ajudava. Quando ela se foi, tive de mudar de casa, mas avisei na delegacia porque quis ficar à disposição da polícia. O que o senhor deseja saber?

— Silvana participou do concurso "a mais bela órfã"?

— Não, nem sabia desse concurso — respondeu a senhora.

— Não seria difícil alguém que não fosse conhecido de vocês saber que Silvana era órfã de pai?

— Meu marido desencarnou num acidente. Ele era bombeiro. Num socorro complicado, meu esposo arriscou sua vida para salvar três crianças de uma casa em chamas. Salvou duas e, na terceira tentativa, ele desencarnou e uma das crianças também. Foi muito noticiado, Silvana e eu demos várias entrevistas; embora tristes, orgulhávamo-nos do ato dele. Por isso, muitas pessoas ficaram sabendo que ela era órfã de pai.

— Quando foi esse acidente? — Henrique se lembrou do ocorrido, mas não da data.

— Há três anos e quatro meses. E oito meses depois, mataram minha filha.

— A senhora usou o termo "desencarnou" para falar que seu marido morreu. Por quê?

— Sou espírita — respondeu a senhora —, acredito que só o corpo físico morre, continua-se vivendo em outro plano.

— A senhora sabe deles? De seu esposo e filha?

— O senhor acredita nessa possibilidade?

— Às vezes penso que sim, outras que não. Não sei ainda — respondeu o investigador com sinceridade.

— Sei deles, sim. Meu esposo e minha filha estão bem, e os dois estão juntos no plano espiritual, estão me aguardando. Quando for minha hora de partir, vou ter com eles e com certeza será uma alegria.

— A senhora perdoou o assassino? — Henrique quis saber.

— Como não perdoá-lo se também preciso de perdão? Todos nós precisamos. Afirmo ao senhor que não é fácil. Perdoar pequenas ofensas é, mas as que nos atingem profundamente, nos provocando grandes sofrimentos, não é nada fácil.

— O que é "perdão" para a senhora?

— Compõe — respondeu a mãe de Silvana — a palavra "perdoar", o verbo "doar". Então é doar de si a outrem, no caso, a quem nos ofendeu. Não revidar, nem em pensamento, o mal recebido. Anular o negativo de quem nos prejudicou com o nosso positivo, com amor. Nós, espíritas, seguimos as orientações do Evangelho e, como Jesus nos ensinou e exemplificou, devemos perdoar sempre e a todos. Se quisermos evoluir, devemos perdoar, porque o perdão é uma prova, das mais importantes, da perfeição espiritual.

— Talvez esse assassino não tenha se arrependido nem vai lhe pedir perdão — comentou Henrique.

— Realmente, penso que isso acontecerá. Não pedir perdão é um problema dele, o meu é perdoar. E foi Silvana, minha filhinha, quem me pediu para desculpá-lo. Sonhei com ela e, no sonho, ela me rogou: "Perdoe, mãezinha, fará bem a você e a mim". Resolvi atendê-la e pedi ajuda aos companheiros do centro espírita que frequento. Eles me ajudaram com preces, conversas, e eu li bastante, roguei auxílio a Jesus e perdoei de coração. Tenho até orado por ele, para que não mate mais e se arrependa.

— Admiro-a! Penso que não seria capaz de perdoar.

— Perdão — disse a senhora — é algo que se exercita. Se começarmos perdoando as pequenas ofensas, seremos capazes de perdoar as grandes. Depois, o não perdoar nos traz consequências: pode-se ficar ligado pelo rancor, mágoa, ira ou ódio à pessoa de quem não se gosta e se saturar de energia negativa, que só faz mal. E, se quiser se vingar, fazer o desafeto sofrer, sofrerá junto.

Henrique se lembrou de Mário e de seus companheiros, desejou que eles estivessem ali escutando aquela sábia senhora. Falou a ela:

— Nem todos perdoaram esse homem. Nas minhas entrevistas, encontrei muito rancor.

— Penso que, infelizmente, poucos o perdoaram. Silvana tem me dado recados através da mediunidade de companheiros do centro espírita que frequento, dizendo que esse assassino é um ser confuso, maldoso, mas também doente, e que um grupo aguarda ansiosamente que ele parta para o Além para fazê-lo pagar por tudo o que fez. Muitas são as vítimas dele, todos os que sofrem pelos seus atos são vítimas: alguns o perdoaram, outros não, outros ainda querem vingança.

— A senhora — pediu o jovem investigador — pode me dar o endereço do centro espírita que frequenta? Gostaria de conhecer um local onde se ensina a perdoar.

A dona da casa abriu uma gaveta e lhe deu um cartão.

— Aqui está o endereço com os dias e horários das nossas reuniões. Será um prazer recebê-lo.

Henrique voltou às suas perguntas.

— Silvana tinha namorado?

— Teve alguns. Ela, quando desencarnou, não namorava ninguém, embora sentisse que ela gostava de alguém. Dizia que queria se dedicar ao trabalho. Preocupava-se muito comigo.

— Ela tinha muitos amigos?

— Era uma pessoa agradável, educada, as pessoas gostavam dela. Tinha, sim, muitos amigos.

— A senhora quer acrescentar algo? Falar mais alguma coisa?

— Se fosse fácil, vocês da polícia já teriam prendido esse homem. Porém, todos vocês têm se preocupado com o difícil e esquecido o fácil.

— Por favor, explique melhor. O que a senhora quer dizer?

— Se você quer prender esse homem, deve tentar pensar como ele. Se não deixa pistas, deve ser alguém acostumado a examiná-las. Algo assim parecido.

— Vou pensar no que a senhora está me dizendo.

— Você já pensou na possibilidade de ser alguém perto de vocês policiais? — perguntou a senhora.

"Perto?", pensou ele. "Novamente escuto esta hipótese! Devo pensar sobre isso."

— A senhora sabe mais alguma coisa? Sua filha Silvana lhe disse quem ele é?

— Minha filha me disse que não viu o homem, que ela agora sabe quem é porque lhe contaram. Ela o perdoou e está feliz. Não me disse quem ele é, não pode me dizer. Existem fatos e nomes que os desencarnados não podem ou não conseguem dizer a nós, encarnados.

— Agradeço-lhe e agora vou embora. Até logo!

A senhora o abraçou, desejando-lhe paz. Ele gostou da visita e se sentiu bem. Da rua, telefonou para a mãe da moça que foi atropelada, ela lhe disse que somente poderia recebê-lo à noite, junto de sua outra filha. Marcaram para as dezenove horas. Ele telefonou para a delegacia, e Meire atendeu:

— Henrique — aconselhou ela —, é bom mesmo que fique fora daqui, o delegado teve de dar mais uma entrevista, e os repórteres ainda estão por aqui. Uma senhora importante foi encontrada morta, suicidou-se, e a imprensa está aqui também por isso.

— Foi suicídio mesmo?

— Tudo leva a crer que sim. Paulo está investigando. Ela deixou uma carta. O comandante da polícia militar marcou uma reunião amanhã aqui conosco às nove horas e trinta minutos. Assunto: o maníaco das órfãs. Você é uma peça importante; portanto, não se atrase.

Henrique agradeceu e foi ao local onde o ex-namorado de Rosemary, a garota que morreu atropelada, trabalhava. Ele era empregado em uma loja grande de carro, ali negociava veículos novos e usados.

Perguntou por ele, teve de mostrar seu crachá, o proprietário o conduziu para uma salinha, e depois o chamou. O jovem veio aborrecido e se sentou na cadeira em frente ao investigador.

— O que há agora? Desculpe-me, mas ainda este assunto? Não me deixarão em paz? Vou acabar sendo demitido.

— Vou ser rápido. Afirmo, porém, que lerei todos os relatórios deste caso; portanto, é melhor falar somente a verdade. Nosso assunto é confidencial. Estamos achando que Rosemary foi agredida pelo maníaco, o criminoso que assassina órfãs. Conte-me o que sabe.

— Não sei de nada. Rosemary e eu namoramos e brigávamos muito. Ela me acusava de ser ciumento. Naquele dia, eu não a vi. Ela não estava comigo na hora daquele acidente como foi cogitado.

— Rosemary — disse Henrique — saiu do veículo apavorada e foi atropelada, não foi?

Henrique arrependeu-se de não ter lido antes o relatório. Com pressa de averiguar, foi sem saber ao certo o que havia acontecido.

— Foi isso, e ela não estava comigo — repetiu o moço.

— Você tinha motivos para sentir ciúmes? Pensa que ela estava com outra pessoa?

— Isso ficou claro — respondeu o ex-namorado de Rosemary.

— Um namorado? Amante?

— Tudo leva a crer que sim.

— Existe a possibilidade de essa pessoa ser uma mulher?

O moço pensou por um instante para responder.

— Sim, existe. Rosemary estava falando muito, antes de morrer, de uma nova amiga, Clara, que nem eu, nem sua família conhecíamos. Mas agora, com o que o senhor falou, penso que talvez possa ter sido esse criminoso que estava no carro com ela. Rosemary se apavorou, ela não se aterrorizava por qualquer coisa, desceu do veículo atordoada e foi atropelada.

— É somente uma possibilidade — falou o investigador.

— Mas faz sentido — suspirou o moço. — Rosemary era órfã de pai e tinha o tipo físico das outras garotas que foram mortas. Se isso for comprovado, seria ótimo para mim. A família dela não me dá sossego. Quero que eles se desculpem por tudo o que me fizeram passar.

— Você que entende de carro, sabe me dizer o que pode ter ocorrido? Por que ninguém sabe direito informar que veículo era?

— Era um carro popular, da cor que mais tem no momento e sem placa. A pessoa que conduzia Rosemary passou por ali, talvez, por ser uma via de fluxo rápido, só que não contou com o fato de que, por conta de um acidente, o trânsito ficaria lento e, por isso, ela conseguiria saltar. Ele deve ter visto o acidente e não parou. Se alguém não quer ser identificado, usa um carro comum.

— Agradeço-o — falou Henrique. — Depois de meses, vejo uma luz nessas tragédias.

Henrique foi para casa, tomou banho, alimentou-se, repassou na mente tudo o que escutou nas entrevistas e anotou o que era importante. No horário combinado, pegou a moto e foi à casa da mãe de Rosemary.

Mãe e filha receberam-no na sala e ele explicou o motivo da visita.

— Sabendo que Rosemary era órfã de pai e com o tipo físico das outras garotas assassinadas, estou investigando sua morte. As senhoras poderiam me contar como tudo aconteceu?

— Rosemary não foi assassinada! — exclamou a irmã.

— É como se fosse — falou a mãe. — Desceu do carro apavorada, sem olhar, e foi morta.

— O que a senhora pensa ter acontecido? Por que ela saiu do carro daquele jeito?

— Sempre pensamos, e ainda penso, que ela estava com aquele ciumento do ex-namorado. Que eles brigaram, talvez ele tenha ameaçado bater nela, e minha filha, para se livrar dele, saiu do veículo sem olhar o perigo da rua. Para mim, foi o ex-namorado quem a matou. Sempre que tenho oportunidade, xingo ele.

— Esse rapaz já havia batido em Rosemary? — Henrique quis saber.

— Os dois — foi a irmã quem respondeu — já haviam trocado tapas, mas era ela quem levava a pior. Homem tem mais força. Não sei por que ele não foi preso.

— Rosemary participou do concurso "a mais bela órfã"? — perguntou o investigador.

— Sim, ela ficou maravilhosa — respondeu a mãe. — Foi uma noite muito bonita.

— A senhora conheceu a amiga dela, a Clara?

— Não sabemos quem é — falou a mãe.

— Pensamos — disse a irmã — que Clara fosse um admirador. Penso que minha irmãzinha queria se separar definitivamente do namorado e estava com medo.

— Vocês não sabem mesmo de quem era o carro em que Rosemary estava?

— Não — respondeu a irmã. — Mas é tão fácil para aquele sujeito que foi namorado dela pegar qualquer carro na loja em que trabalha e tirar a placa... Pensamos que foi isso que aconteceu. Ele foi buscá-la no trabalho, brigaram, talvez ele a tenha ameaçado e, apavorada, ela saiu do carro, e ocorreu o acidente.

— A senhora guarda rancor do motorista que a atropelou?

— Não. Ele não teve culpa, é uma pessoa de bem. Veio aqui em casa com a esposa, dias depois, nos visitar. Nós dissemos a ele para não sofrer, pois foi Rosemary quem entrou na frente dele e ele não conseguiu desviar. Mas, do ex-namorado, guardo, sim. Ainda vou lhe dar uma surra.

— Talvez, senhora — falou Henrique —, sua filha não estivesse no carro com esse moço. Poderia estar com o agressor de órfãs. Ou com essa Clara, que ninguém sabe quem é.

— Será? — perguntou a mãe.

— Sempre estranhei, mas não falei — opinou a irmã —, é que Rosemary não tinha medo do namorado. Ela sempre o enfrentou, não ficaria aterrorizada com ele. Pode ser mesmo que estivesse com outra pessoa.

Henrique agradeceu, despediu-se e foi para casa. Pensou em tudo o que escutou, fez mais anotações e foi se deitar, porém ficou refletindo sobre o que a mãe de Silvana havia lhe dito: "Vocês tem se preocupado com o difícil e esquecido o fácil".

"Como a religião", pensou ele, "faz diferença na hora do sofrimento. O espiritismo deve mesmo fazer bem às pessoas. Gostei de conversar com essa senhora. Que diferença de energia existe entre as pessoas boas e as que não são. Vou guardar o endereço do centro espírita, irei lá qualquer dia".

Cansado, adormeceu.

Reunindo novamente

Henrique chegou cedo à delegacia, queria ler o que havia sido arquivado sobre o acidente de Rosemary. Lera em minutos o relatório, pois era pequeno. Constava que Rosemary saltou de um carro popular, sem placa, estando devagar por causa de uma batida à frente, correu, e um outro carro atropelou-a. E que veículo em que estava seguiu sem prestar socorro. A moça morreu devido a múltiplos ferimentos quando deu entrada no hospital. Não foram identificados nem o carro nem o motorista. Anotou os nomes e os endereços das três testemunhas.

Meire também chegou antes e desabafou com Henrique:

— Fiquei impressionada ontem! Pensava que estava acostumada a ver pessoas mortas, mas, pelo visto, não estou. Meu sonho, desde menina, era desvendar crimes e, como nos livros que lia, ficar famosa. Porém, a realidade é bem diferente. No começo, quase todas as vezes que olhava uma pessoa morta, seja por acidente ou por homicídio, parecia que via, ou sentia, que ela respirava. Uma sensação nada agradável. Minha madrinha, que é espírita, afirmou que talvez essas pessoas ainda não tivessem sido desligadas, isto é, que talvez seus espíritos ainda estivessem perto de seus corpos físicos. E aconselhou-me a ter respeito por essas pessoas e que, se possível, fizesse uma oração ou dissesse: "Deus o abençoe!". Passei a fazer isso, e aquela sensação não me incomodava mais tanto. Mas, ontem, pela manhã, ao atender o caso da mulher que se suicidou, a impressão foi tão forte que, além de sentir que ela respirava, senti também que a senhora segurava meu braço. Até perguntei ao médico que a examinava: "Ela está morta mesmo?". Ele respondeu: "Certeza absoluta!". Pedi para Paulo fazer a investigação e voltei para cá.

— Como foi esse atendimento? Foi suicídio mesmo? — perguntou Henrique.

— Recebemos a chamada de uma senhora moradora do prédio onde a suicida residia. Chegamos juntos com a ambulância e os bombeiros. Apuramos: a vizinha do apartamento desta mulher viu a gaiola com um pássaro na porta do apartamento da senhora que morreu. Pensando que esquecera a gaiola no corredor, tocou a campainha, ninguém atendeu e, como sentiu cheiro de gás, chamou o porteiro, que veio em seguida e arrombou a porta com a ajuda de outros moradores do prédio. O cheiro de gás era muito forte. O porteiro entrou na residência, foi à cozinha, viu a moradora caída no chão, pegou-a e a levou ao corredor. Um senhor também entrou e fechou o gás, outro abriu as janelas. Chamaram a ambulância, a polícia e os bombeiros. Abanaram a senhora e, quando o médico chegou, constatou que a mulher estava morta. Foi então que senti a estranha sensação.

— Será que o suicida sofre muito quando vai para o outro lado? Para o Além? — perguntou Henrique.

— Penso — respondeu Meire — que todos que matam se enchem de lama. O crime é, para mim, uma lama negra que, para sair da pessoa, não é fácil. Talvez seja lavado somente por lágrimas de sofrimento. E suicídio é homicídio!

— Você, pensando assim, está na profissão errada. Podemos, por mais que não queiramos, matar alguém — comentou Henrique.

— É diferente! — exclamou Meire. — Ao fazermos isso, agimos em legítima defesa de alguém ou nossa, não o fazemos por fazer, nem por ódio. Respeitamos a vida alheia. Eu, quando não tem outro jeito, atiro para ferir.

— Você mataria esse psicopata?

— Tentaria prendê-lo — afirmou Meire. — A morte não é castigo para ele. Sofrerá muito na prisão. Você o mataria?

— Atiraria nele para matar somente se fosse para salvar a vítima. Penso como você: se preso, ele sofrerá na prisão. Porém, indago: sofrerá mais ou menos que as vítimas ou as famílias delas? Penso também que, se o espírito não morre, não acaba, vive após a morte do corpo em outro local, será que os maus não sofrem no Além? Com certeza, sim. Mas me conte, Meire, como foi o atendimento?

— A senhora foi tirada da cozinha. O porteiro agiu corretamente, ele não sabia que ela já havia falecido. Vasculharam o apartamento e encontraram, em cima da mesa de jantar, dois copos com restos de bebida e cigarros no cinzeiro. Uma carta estava também na mesa, uma missiva dramática, despedindo-se da vida, dizendo que não queria mais viver, que não valia a pena. Pelos outros escritos encontrados, a letra era dela.

— A senhora tirou a gaiola com o pássaro do apartamento para a ave não morrer — comentou Henrique.

— Sim, ou talvez pensando que alguém veria e haveria socorro.

— Se foi isso, o socorro não chegou a tempo.

— Encontraram — contou Meire — mais três cartas parecidas na gaveta de sua mesinha de cabeceira. A mídia e nós descobrimos que essa mulher tinha três amigos que a visitavam sempre. Os vizinhos deram os nomes. Os três homens são casados.

— Eles estão enrolados! — exclamou o investigador.

— O homem que esteve com ela antes, que tomou a bebida e fumou, veio ontem à tarde aqui, deu seu depoimento. Disse que se encontrava com ela, que queria terminar o relacionamento por amar a esposa etc. e que ela não aceitou. Disse que foi embora e logo ficou sabendo o que ela tinha feito. Colheram material para a autópsia, vamos aguardar o resultado.

— É muito triste atender suicídio!

— Penso — Meire suspirou — que é mais triste para o morto. À noite orei por ela; espero que se arrependa, peça perdão e ajuda. Ainda estou impressionada com a sensação que tive.

Foram chamados para a reunião. O comandante, o tenente Hipólito e um soldado da polícia militar vieram. Da polícia civil, estavam o delegado, Meire, Garcia, Paulo e Henrique. Fecharam-se na sala.

— A mídia está nos pressionando — falou o comandante. — Viram o jornal? Leram a manchete? — ele mostrou o principal jornal da cidade. — João..., o moço que foi namorado da jovem Rosemary..., que faleceu atropelada, deu entrevistas afirmando que a ex-namorada devia estar no carro com o maníaco das órfãs, porque seu pai já tinha falecido e ela participou do concurso da mais bela órfã. Este João jura que ela não estava com ele e que deve ter sido raptada por este monstro e que, quando o veículo diminuiu a velocidade, Rosemary conseguiu descer, e o pavor, o desespero, a fez passar na frente de outro carro que a atropelou, fazendo com que morresse. Alguém levantou esta hipótese?

— Fui eu, comandante — respondeu Henrique. — Estou encarregado das investigações. Fui visitar as mães das garotas assassinadas e, por uma delas, fiquei sabendo que desse concurso de que a maioria das vítimas participou ou se inscreveu, somente não participou Silvana. Ela teve o pai morto num incêndio, era bombeiro e faleceu como herói. As outras participaram.

— Sei desse concurso — falou o comandante. — Todos os anos, como autoridade, somos chamados para ser jurados; às vezes eu vou, em outras tenente Hipólito vai em meu lugar.

— Sabemos agora como o psicopata descobria que as moças eram órfãs — falou Henrique.

— Nós e todos — ironizou o delegado. — Bastou você ir à prefeitura conversar com uma atendente para ela chamar a imprensa e dar a notícia. Como também o ex-namorado de Rosemary, que até se deixou foto-grafar e contou sobre a possibilidade de essa moça ter sido alvo do *serial killer*. O que mais se descobriu?

O soldado levantou-se e informou:

— Vários jovens da escola viram um homem rondando o prédio, andando por ali. Pela descrição ele era alto, magro e mulato, porém alguns disseram que era somente moreno. Ninguém conseguiu dar mais detalhes. Vasculhei por lá e não encontrei o ho-mem. Será que ele é o agressor ou o que nos informou?

— O telefonema — informou o delegado — foi dado do orelhão perto da escola; tem dois na rua, um fica bem em frente ao portão de entrada e saída, e o outro, alguns metros à frente: foi neste. Com certeza, era uma voz masculina.

— Henrique, o que você pretende fazer? Como conduzirá a investigação? — perguntou o tenente Hipólito.

— Conversar — respondeu Henrique — com as testemunhas do acidente de carro em que Rosemary faleceu, vou investigar sua morte. Também vou visitar a vítima sobrevivente.

— Temos, de concreto, poucos dados — falou o comandante. — Devemos ficar atentos, e tudo o que um de nós apurar, que informe aos outros. Alguém quer falar mais alguma coisa?

Meire levantou-se e falou:

— Devemos pedir informações em hospitais psiquiátricos e a médicos, se eles têm conhecimento de alguém com problemas relacionados à morte paterna.

— Faça isso, Meire — pediu o delegado.

— Eu — disse Henrique — tenho muito ainda que pesquisar. O que concluí é que todas as vítimas eram jovens, bonitas e órfãs de pai. Até a que pensávamos não ser, a que o pai fez um escândalo aqui, descobri que era um padrasto apaixonado pela enteada. Ele se separou da esposa e foi para outro país, pedi informações, quero saber se realmente ele continua ausente. Mas também apurei que as moças, na ocasião de suas mortes, não tinham namorados ou, se tinham, não eram importantes. Somente uma era noiva.

— Lésbicas? — perguntou o delegado.

— Nada confirmado — respondeu Henrique. — Pode ser coincidência. Rosemary tinha uma amiga que nem a família, nem o namorado conheciam.

— Existe — o comandante quis saber — a possibilidade de drogas estarem envolvidas nesses crimes?

— O psicopata pode ser usuário, porém, analisando os fatos e sabendo que até agora não cometeu deslizes, penso que não. Ele age com muita frieza e inteligência. Sobre as garotas, nada consta, porém é possível. Vou verificar.

A reunião acabou, o comandante ficou conversando com o delegado, o grupo saiu da sala falando todos ao mesmo tempo.

— Amigos! — disse o tenente Hipólito. — Estão todos convidados para no dia vinte, no sábado, irem à minha casa após as dezesseis horas. É meu aniversário, levem a família. Só aceito desculpas de quem estiver de plantão.

Tenente Hipólito aproximou-se de Henrique e disse:

— Já verifiquei, você está livre. Leve dona Isaura.

— Não perco um churrasco em sua casa — falou Henrique. — Mamãe com certeza vai querer ir, ela gosta muito da Maura e de seus filhos.

— Henrique, o que fará sobre o caso? — perguntou o tenente.

O investigador entendeu a pergunta e respondeu:

— Vou ainda hoje pedir informações para todas as cidades do país para saber se tiveram crimes semelhantes como os que tivemos aqui.. Quero cercar por todos os lados. Vou prender esse psicopata!

Os colegas entraram na conversa, e o assunto foi o churrasco, a festa.

O tenente Hipólito costumava chamar, além de seus amigos da polícia militar, alguns da polícia civil, para festas em sua casa. Quase sempre era churrasco. Ele e a esposa Maura recebiam muito bem, e eram agradáveis e descontraídos esses encontros.

Voltaram ao trabalho. Na sala, ficaram somente Henrique e Garcia.

— Penso — desabafou Henrique — que assim que conversei com o ex-namorado de Rosemary, ele foi ao jornal falar da possibilidade, ou melhor, já afirmou com certeza que o maníaco estava com ela no carro. Com certeza, quer se livrar da acusação da família da moça, que, pelo que apurei, costuma ofendê-lo, acusando-o. O casal brigava muito, e ela tinha uma amiga misteriosa.

— Amiga? Amante? — perguntou Garcia.

— Não sei. O fato é que ninguém sabe quem é ela, só que se chamava Clara.

— Estas lésbicas! — exclamou Garcia com raiva. — Deviam morrer mesmo!

— O quê?! — exclamou Henrique assustado.

— Desculpe-me, colega. É somente força de expressão. Hoje estou com raiva! Você sabe que minha filha é lésbica. Já lhe contei isso. Foi difícil para a mãe dela e eu aceitarmos. Até pensei que minha filha tinha feito essa opção por estarmos separados. Depois entendi que não. Lucinha optou por namorar mulheres, e ela tinha dezesseis anos quando nos contou. Ontem me pediu dinheiro, sua amante lhe deu um golpe, roubou-lhe, deixou-a com dívidas e sofrendo. Não tenho preconceito com o alheio, mas quando é conosco... Que raiva! Vou fazer um empréstimo para ajudar minha filha.

— Garcia, desvio de caráter independe da orientação sexual — falou Henrique. — Atendemos aqui golpes parecidos. Por amor, pessoas se envolvem tanto que algumas acabam por ser enganadas.

— Ora — resmungou Garcia —, não é nada agradável saber que sua filha foi lograda. Não adianta nem eu ir atrás dessa moça, ela dirá que ganhou o dinheiro de Lucinha. Depois, minha filha não quer dar queixa. Talvez ainda ame a outra. Como ficar calmo? Espero que minha filha aprenda a não confiar assim nas pessoas. Estou com raiva!

— Lucinha é uma pessoa muito especial! É tão boa filha! — opinou Henrique.

— Por isso que estou com raiva da outra!

Henrique fingiu se concentrar no que tinha de fazer e pensou: "Será que é assim que ele, o assassino, sente? Pensa com raiva? Será que quando mata essas jovens tem raiva delas por algum motivo? Transfere para as vítimas essa ira?"

Ficou a tarde toda pedindo informações a todas as delegacias do país indagando se nas suas cidades tiveram crimes parecidos, principalmente se não foram desvendados.

Marceano, vendo-o atarefado, desejou:

— Como seria fácil nosso trabalho se dispuséssemos de um aparelho que, com rapidez, nos desse informações. Um computador, pequeno, fácil de manusear.

— Seria muito bom — concordou Henrique —, mas enquanto não temos, o jeito é realizar nosso trabalho com o que dispomos. E aí, novato, deseja mais alguma coisa mirabolante?

— Desejo muitas coisas — disse Marceano. — Que a comunicação fosse mais rápida. Que o telefone não precisasse de fio e que pudéssemos conversar com ele melhor e mais rápido do que com o rádio.

— Teríamos isso a nosso dispor e também os bandidos. Deixe de sonhar, novato, vá trabalhar!

— Ainda vocês dirão que meu sonho não era tão louco assim. Ele se tornará realidade.

No outro dia, novas matérias nos jornais sobre Rosemary e seu atropelamento. O ex-namorado deu entrevistas falando que, com certeza, não havia estado com a moça naquele dia e que ela estaria, sim, com o *serial killer* no momento do acidente. Contou também da amiga misteriosa de Rosemary, que somente se sabia chamar Clara.

Na delegacia comentaram sobre isso. Henrique aproximou-se de Garcia e perguntou como o colega estava.

— Ainda nervoso e indignado — respondeu Garcia.

— Espero que não queira mais matar ninguém.

— Talvez! — respondeu Garcia sorrindo.

Henrique telefonou e marcou entrevista com as testemunhas do acidente, que já tinham sido entrevistadas pelos jornalistas. Foi à tarde conversar com elas, mas nada apurou. Repetiram o que já tinham falado. Não viram o motorista nem podiam afirmar se era mulher ou homem.

Voltou para a delegacia esforçando-se para não desanimar. Meire lhe deu a notícia:

— Raquel saiu hoje do hospital. Quer conversar com ela?

— Por favor, Meire, marque uma visita para amanhã, se for possível. Preciso muito conversar com essa moça.

— Ela também quer conversar com você e lhe agradecer. Mas, por favor, lembre-se de que Raquel passou por um trauma terrível, ainda está assustada. Ela tem medo de que ele volte a atacá-la. Você, dessa vez, o fez fracassar. Ele nem a estuprou, nem a matou. O delegado e eu constatamos que a casa em que ela e a mãe moram é segura e demos a elas um rádio que, se tocado, nos alertará e iremos rápido para lá.

— Meire, penso que ele esquecerá este fracasso e não tentará atacá-la novamente. Calculará que tomamos providências. O que você pensa sobre isso?

— Penso como você, acho que esse psicopata não deverá procurar por Raquel, que estará em casa por quatro meses por estar com a perna engessada. Depois, não sei, quando ela voltar ao trabalho, terá de ter muito cuidado. Porém, penso que, por ele ter fracassado, deverá atacar logo.

Meire foi telefonar e Henrique ficou matutando: "Fracasso? Fracassar? Onde escutei isso? Será das vozes?".

Logo Meire deu-lhe a notícia:

— Você poderá ir à casa de Raquel, amanhã, às quatorze horas.

Henrique agradeceu.

"Quem sabe", pensou esperançoso, "não conseguirei, conversando com a órfã número sete, alguma pista".

Aguardou ansioso pela visita. Marceano, vendo-o pensativo, brincou com ele.

— Você está parecendo um velho caduco!

— Garoto! — Henrique revidou.

Os colegas riram.

— A verdade — falou Marceano — é que você está ficando estranho, não parece nada normal. Pensa tanto que, além de fundir a cuca, ficará cego.

— Cego? Você é que está perturbado — Henrique se defendeu.

— Sábado à noite vi você. Estava com dois amigos num barzinho perto de sua casa. Vi você passar e disse aos meus amigos: "Aquele é um colega de trabalho". Abanei a mão, você olhou para onde nós estávamos e nem me cumprimentou. Meus amigos me gozaram. Isso não se faz! Por que não me cumprimentou? Não mereço ser cumprimentado ou você está cego? Fiquei sentido.

— Você se confundiu. Não era eu! — defendeu-se Henrique.

— Esta desculpa não aceito. Não sou cego!

Surgiu uma emergência, todos voltaram ao trabalho. Henrique pensou: "Será que levantei dormindo? No sábado, mamãe foi dormir na casa do meu irmão Márcio para ficar com os filhos dele para o casal sair. Deitei-me cedo. Já acordei com a janela do meu quarto aberta, grito e falo dormindo. Será mesmo que Marceano me viu? Se ele não mentiu ou confundiu-me com outra pessoa, será que me levantei dormindo e saí de casa?".

Não chegou à nenhuma conclusão e prestou atenção em seu trabalho.

Raquel

Henrique acordou alegre, sem entender por que se sentia contente por visitar Raquel, a sétima órfã. Foi à delegacia e, infelizmente, após verificar, não tinha recebido nenhuma resposta das outras delegacias. Ficou no atendimento. Uma senhora que informou ter oitenta e sete anos veio dar queixa.

— Moço, recebo minha aposentadoria, pois trabalhei muitos anos e também há dois anos recebo a pensão do meu marido. Éramos um casal muito unido, ele cuidava com carinho de mim, e tivemos sete filhos, que também já estão velhos. A pensão que recebo de meu esposo é uma boa quantia. Meus filhos, infelizmente (penso que tudo tem uma razão de ser), não agem corretamente comigo, são interesseiros. Não confio neles, até uma neta me roubou. Aproximam-se dizendo querer tomar conta de mim, mas eles querem mesmo é o meu dinheiro. Fazem empréstimos, compras em meu nome, e eu, que ganho muito, fico com pouco. É muito triste, doloroso, eu ter de vir aqui, mas não sei a quem pedir ajuda. Ganho bem e não tenho dinheiro nem para comprar os meus remédios, para tingir meus cabelos... O filho que está no momento tomando conta de mim, do meu dinheiro, não me dá nem moedas para um picolé. Ele somente paga minha empregada e faz compras no mercado. Olhe aqui — tirou um papel da bolsa — o tanto que recebo por mês.

Henrique olhou, de fato era uma quantia bem acima dos salários razoáveis, a senhora ganhava três vezes mais que ele.

— Vou encaminhar a senhora ao lugar onde será auxiliada — disse Henrique.

Fez alguns telefonemas, anotou endereço e horários e deu à senhora.

— Espero, de coração, que resolva seus problemas. Será ajudada!

Depois de ter explicado bem à senhora o que teria de fazer, ela se despediu agradecendo.

"Tenho", pensou ele, "ouvido muitas reclamações de idosos em relação a seus filhos. Que eles fazem empréstimos com a garantia da aposentadoria e queixas de maus-tratos. É a primeira vez que alguém reclama que todos querem cuidar dela ou do que recebe. Dinheiro é neutro, faz-se com ele grandes coisas úteis, mas muitos delitos também. Esses crimes que estou investigando não envolvem dinheiro. O que será que está envolvido? Algum trauma do criminoso com certeza. Sexual? Ele estupra as vítimas, então sim. Lésbicas? Penso que não, embora não possa afirmar. Órfãs de pai? Isso é certeza. Mas por quê? O que tem o psicopata com a orfandade?".

Foi em casa almoçar e, de lá, foi para a casa da moça que havia escapado viva da fúria do assassino. Parou a moto em frente à residência e observou o local. De fato, a casa era bem segura. Tocou a campainha e uma senhora foi atendê-lo. Identificou-se, e a senhora convidou-o a entrar.

— É um prazer recebê-lo! — exclamou a senhora.
— Chamo-me Maria da Glória; entre, por favor. Raquel o está esperando.

A casa era simples, mas de muito bom gosto. Henrique entrou na sala e viu, sentada numa poltrona, com as pernas num pufe, uma jovem que ele achou muito bonita. Sorriram um para o outro. O coração dele disparou. Sua vontade era de ficar olhando-a, mas disfarçou.

— Como vai? — perguntou Henrique apertando a mão dela.

— Agora melhor — respondeu Raquel.

Henrique sentiu o coração bater mais forte ainda. Fitaram-se nos olhos, sentiram como se já se conhecessem havia muito tempo. Raquel também observou-o.

"O investigador", pensou ela, "é bonito, alto, magro, forte, tem mãos grandes e é ruivo. Sempre gostei de ruivos. Ele", olhou-o discretamente, "tem os cabelos avermelhados e poucas sardas no rosto. É bonito!".

"Há muito tempo", pensou ele, "não me sinto assim, atraído por alguém. Que moça linda!".

Henrique sentou-se numa poltrona ao lado da que ela estava sentada, observou-a novamente. A moça tinha um curativo no braço esquerdo; outro na testa, do lado direito; marcas escuras no pescoço; e a perna direita engessada.

— Esperava sua visita — disse Raquel —, queria agradecer-lhe.

— Queria ter chegado antes de ele tê-la machucado.

— Porém — falou dona Maria da Glória —, chegou a tempo de impedir que ele a matasse. Muito obrigada! Nunca gostei de moto, mas agora penso que com elas se vai mais rápido. Vou lhe preparar um cafezinho. Com certeza você vai querer conversar com Raquel.

— De fato — concordou Henrique —, vim para conversarmos. Preciso saber como tudo aconteceu. Conte-me, Raquel. Depois, se não se importar, farei algumas perguntas.

— Naquela noite, no fim da última aula, quando tocou o sinal, a secretária da escola me chamou para atender um telefonema do pai de um aluno. A voz masculina do outro lado queixou-se do filho, perguntei duas vezes o seu nome, mas não falou, disse somente o do filho: Rodrigo. Reclamou que ele não estudava, era malcriado, estava saindo com más companhias... Disse que estava pensando em tirá-lo da escola. Escutei-o, pensando que era mais um desabafo. Dei atenção e conselhos.

— A voz lhe pareceu estranha? É capaz de reconhecê-la? Tinha sotaque? — perguntou Henrique.

Ele abriu um bloco de anotações e foi escrevendo as respostas dela.

— Pareceu-me a voz de uma pessoa normal, não me lembro de sotaque. Não sei se a reconheço. Talvez se escutá-la novamente.

— Deve ser alguém da região ou disfarçou.

— A diretora da escola — contou Raquel — investigou os alunos que se chamavam Rodrigo. São muitos os que têm esse nome. A todos foi perguntado se o pai telefonou.

— Nenhum — interrompeu Henrique. — Com certeza não foi nenhum pai de aluno.

— De fato, não foi.

— Foi o assassino quem telefonou — concluiu o investigador. — Queria que demorasse mais para sair da escola. E depois? Continue contando, por favor.

— Depois eu saí. O portão da escola fica no meio do quarteirão. Quando ia atravessar a rua, um homem aproximou-se de mim. Até ele falar, não sabia se era homem ou mulher.

— O que ele disse exatamente?

— Exatamente? — Raquel concentrou-se para se lembrar de tudo. — Posso repetir tudo o que ele falou e até o modo. Ele falou baixinho e devagar, segurou no meu braço e encostou algo nas minhas costelas, era o revólver. Falou: "Moça, ande normalmente, vire para a esquerda, estou somente a assaltando. Obedeça, senão leva um tiro". Pensei até em falar que tinha pouco dinheiro comigo. Mas obedeci a ordem. Devia ter corrido, gritado; aquela rua, mesmo naquela hora, tem movimento de pessoas e carros, mas a outra em que me mandou ir é normalmente deserta naquele horário. Obedeci como um robô.

— Raquel — perguntou Henrique —, a voz do telefone e a voz que escutou na rua eram a mesma? Pense e responda.

— Não posso afirmar nem que sim, nem que não. Pareceu-me que as duas estavam disfarçadas. Porque, quando no galpão escutei-o novamente, a voz era diferente.

— Vamos seguir a ordem dos acontecimentos. Você foi até a rua que ele mandou. Como andaram?

— Nem depressa, nem devagar — respondeu Raquel. — Ele puxou-me pelo braço e me fez caminhar para os galpões. Gelei de medo, quis parar, ele apertou o cano do revólver na minha costela, o que doeu, e disse somente: "Ande!". O portão da entrada dos galpões estava aberto, encostado, ele abriu com o pé e, depois que passamos, chutou-o fechando. Empurrou-me com violência e ordenou: "Não grite!". Tentei gritar, e ele me bateu na testa com a lanterna que acendeu assim que passamos pelo portão. Com a pancada, tonteei, e ele me arrastou. Entramos noutro galpão. Jogou-me no chão, bati com as costas no solo e aí vi o homem.

— Você viu ele? — intrometeu-se Henrique esperançoso. — Como ele é?

— Vi o homem, mas não o identifiquei. Foi assim: a lanterna ficou no chão, iluminava a mim somente. Ele estava de boné, tinha sobre o rosto uma meia, penso que era; se não era uma meia, era algo parecido. Estava muito assustada, com muito medo, e posso ter me confundido. Ele falou; penso que, naquele momento, com a voz dele mesmo, porém estava com a meia no rosto, e isso pode deixar a voz estranha. Ele disse: "Filho... sem pai, não merece viver... 'orfinho'!".

— Você tem certeza de que escutou "filho", "orfinho"? No masculino?

— Tenho, sim — afirmou Raquel —, certeza absoluta. Aí ele veio para cima de mim. Levantei o pé para lhe dar um pontapé. De fato o atingi, porque ele exclamou: "Ai!". Pegou meu pé e torceu. Doeu tanto que senti que não conseguia respirar, ainda o vi rasgar minha blusa, colocar o tecido no meu pescoço e apertar, senti-me sufocada, mas ainda respirava. Então ouvimos um barulho. Tive a impressão de que eram muitas pessoas, portas se abrindo, pessoas falando. Assustado, ele pegou o boné e a lanterna que estavam no chão e correu. Escutei a porta do galpão se abrindo. Alguém, agora sei que era você, afrouxou o tecido que me sufocava do meu pescoço. Fiquei no escuro por alguns instantes, sem conseguir falar nem me mexer. Foi um alívio quando vi a luz da lanterna e você falando para ter calma, que era um policial, e me cobriu com seu casaco. Escutei-o pedir ajuda, mas só me senti aliviada mesmo na ambulância.

— Se você viu o homem, saberia me dizer como ele estava vestido? — Henrique quis saber.

— A calça era escura; a camisa, mais clara, não era branca, não consigo me lembrar se era verde ou azul, era mais clara; e o casaco, também não consigo me lembrar se era um paletó, penso que este, com certeza, era azul-escuro.

"Ela está", pensou ele, "descrevendo como eu estava vestido naquela noite. Confusa como estava naquele momento, ela gravou minha roupa. Foi tudo rápido, cheguei em seguida. Seria muita coincidência este homem estar vestido como eu. Ou não? Se não quer chamar a atenção, principalmente à noite, veste-

-se discretamente. Calça e blusa escuras são muito comuns. Porém, penso que Raquel está se confundindo".

— Se você o viu pouco, já que a lanterna a clareava e não a ele, você tem certeza da roupa que o agressor usava? Pense bem — pediu Henrique.

Raquel pensou por um breve instante e respondeu:

— De fato, agora não sei se respondi certo. Talvez seja, porque me lembro perfeitamente de que ele tinha a meia sobre o rosto. A roupa é importante?

— Não! Se você lembrar depois de mais alguma coisa, me fale, por favor. Sinto muito pelo seu trauma. Ficará bem, como também logo sua perna voltará a estar sadia. Você quer falar mais alguma coisa?

— Escutei — falou Raquel — você xingando. Você estava nervoso?

— Por mais que sejamos treinados para ter autocontrole, em momentos como aquele a adrenalina aumenta muito. Sim, estava aflito para prender o psicopata. Falei, sim, mas foi para mim mesmo. Penso que disse "incompetente" ou algo parecido. Referia-me a mim mesmo por não ter conseguido prender o homem.

Dona Maria da Glória entrou na sala com uma bandeja de café com bolinhos. Henrique se serviu, agradeceu e continuaram conversando.

— Esta casa é bem protegida — informou dona Maria da Glória. — Depois, a investigadora Meire nos deixou um rádio e nos ensinou a usá-lo para pedir socorro se precisarmos, ficamos mais tranquilas.

— Estamos trancadas aqui. Você acha que este monstro pode vir e me atacar novamente? — perguntou Raquel.

— Não — respondeu Henrique. — Ele é covarde, ataca as vítimas onde pensa não ser perigoso para ele. Mas devem ser precavidas.

— Pedimos ajuda aos vizinhos — contou dona Maria da Glória —, todos eles se propuseram a nos ajudar, a vigiar... até no bar da esquina, o proprietário e os frequentadores estão atentos no pedaço. Qualquer pessoa suspeita que passar pela rua, eles vão nos alertar.

Henrique demorou muito mais do que deveria na casa de Raquel, porém não sentia vontade de ir embora. Tinha de trabalhar, então se despediu e voltou à delegacia.

No outro dia, voltou à casa de Raquel para perguntar de novo se o agressor, quando falou no galpão, tinha sotaque. Raquel reafirmou que não notara nada diferente.

Novamente foi embora com vontade de ficar. Pensou muito nela, até sorria quando se lembrava de seu sorriso, gostou de ouvi-la, de sua voz.

Na delegacia, tudo estava normal, sempre muito serviço. Henrique, à tarde, teve outra pergunta para fazer e foi novamente à casa de Raquel.

— Por favor — pediu ele —, você pode se levantar? Ficarei ao seu lado para tentar me dizer se este homem era mais alto ou mais baixo que eu.

Ajudando-a, ela ficou de pé.

— Eu estava com sapato de saltinho — disse Raquel.

Dona Maria da Glória foi buscar o sapato. Raquel colocou-o no pé sadio e, embaixo do engessado, uma revista para ficar reta. O investigador aproximou-se dela. Gostou do seu perfume. Achou-a encantadora.

Pensando, esforçando-se para lembrar, Raquel calculou que o agressor deveria ter somente alguns centímetros a mais que ele.

— O agressor deve ter um metro e oitenta centímetros — calculou Henrique. — Tenho um metro e setenta e seis centímetros. Vou colocar isso na ficha.

— É verdade que estão falando que o psicopata tem preferência por lésbicas? — perguntou Raquel.

— O que temos de certeza é que elas são órfãs de pai, como também morenas-claras, cabelos e olhos castanhos.

— Eu não sou lésbica! Nunca tive essa tendência. Já tive namorados, mas não deu certo. Espero um amor. Nunca dei motivos para pensarem isso de mim. Será que esse homem pensou que eu era lésbica?

— Creio que não! Porém, é difícil imaginar o que uma mente doentia pensa. Posso pedir uma coisa? —

Henrique não esperou pela resposta e continuou falando: — Não dê importância às fofocas nem ao que escrevem os jornalistas. Fala-se muito. Também já foi cogitado de drogas estarem envolvidas nesses ataques.

— Também nunca estive envolvida com drogas. Mas, no concurso, escutei comentários. Vi Maria Isabel tomar um comprimido e dizer que era para relaxar.

— Pode ser que algumas fossem usuárias, mas não viciadas; porém, não é por isso que ele as mata. Pelo menos é o que penso no momento.

— Poderá mudar de opinião? — quis Raquel saber.

— Sim, poderei. Mudo sempre de opinião conforme as investigações.

Conversaram sobre outros assuntos. Henrique tinha de ir embora, mas sentia vontade de ficar. Tomou café com bolinhos. Despediu-se perguntando se podia voltar.

— Claro que sim — respondeu dona Maria da Glória. — Sentimo-nos até mais seguras com suas visitas.

— Voltarei amanhã à noite, é minha folga.

De volta à delegacia, sentiu-se ridículo.

"Raquel", pensou ele, "me atrai, gosto de vê-la, conversar com ela. Estarei ficando bobo?".

"Bobo você já é. Cuide dos crimes!"

Henrique se assustou, fazia dias que não escutava a voz.

Voltou a atenção ao trabalho, mas estava sempre se lembrando de Raquel, do seu sorriso, de sua voz.

Na noite seguinte foi visitar Raquel e levou para ela um vaso de flores. Como sempre, foi bem recebido, mas se decepcionou: havia muitas visitas, amigas com namorados, uma tia e primos. Ficou envergonhado com os comentários sobre ele tê-la salvado. Raquel, percebendo, convidou-o para ir à área da frente da casa. Ela andando de muletas, e se sentaram num banco.

— Desculpe-me — pediu Henrique —, não deveria ter vindo.

— Venha quando quiser e não precisa avisar, você é sempre bem-vindo aqui em casa — falou Raquel. — Ainda estou recebendo muitas visitas. Todos estão curiosos para saber da minha trágica aventura, e eu estou com muita vontade de esquecê-la. Seja sincero comigo: você está vindo aqui por que acha que ele pode me atacar novamente?

— Penso que ele não vai atacá-la novamente — respondeu Henrique, evitando responder o porquê de ele ir visitá-la. — Ele é inteligente; se não fosse, nós já o teríamos prendido. Como também ele deve saber que não será fácil um novo ataque.

— Mamãe não me deixa mais sozinha. Para ir ao médico hoje, minha mãe, uma prima e minha cunhada foram comigo. Vou ficar precavida até prenderem esse monstro.

— Faz bem, porém penso que ele não se importará mais com você.

— Será que ele se sente fracassado em relação a mim? — perguntou Raquel.

"'Fracassado'? De novo?", pensou Henrique. "Onde será que ouvi isso? Por que fico inquieto quando escuto isso? Penso que não foram as vozes."

Raquel mudou de assunto, logo depois ele se despediu e ficou de voltar no outro dia à tarde.

Um suspeito

Na delegacia, Henrique atendeu um telefonema de uma senhora que falou:

— Querem prender uns traficantes? Minha filha está se arrumando para sair de casa e ir comprar drogas. E só segui-la.

— A senhora tem certeza? — perguntou o investigador.

— Sim, infelizmente tenho. Os senhores não querem saber quem trafica? Não é do interesse dos senhores?

Henrique anotou o endereço, pegou sua moto e se dirigiu para o lugar, que era perto. Não esperou muito e viu uma moça muito magra, que bastava vê-la para saber ser viciada, uma usuária, pedalar uma bicicleta. Seguiu-a. A jovem não observava nada, seguia pedalando, olhando somente o trânsito. Não foi longe, parou numa calçada onde havia um muro, e dois jovens a atenderam. O investigador se aproximou e abordou-os, eram uma moça e um rapazinho. Pegou três papelotes com drogas. Chamou uma viatura pelo rádio.

— Estamos sendo presos? Que absurdo! — exclamou a compradora. — Vim aqui somente para conversar. Não posso?

Foram levados para a delegacia. Avisaram os pais das duas garotas. O mocinho falou:

— Não tenho pai nem mãe. Sou filho de chocadeira. Sou de menor!

— Quero ver o senhor provar que estávamos vendendo drogas — falou a garota que supostamente estava vendendo. — Tínhamos três papelotes e eram para nosso consumo.

A que fora comprar estava quieta, e a mãe dela foi a primeira a chegar à delegacia. A senhora olhou para Henrique e perguntou:

— Foi o senhor quem atendeu meu telefonema? O senhor não entendeu? Era para prender os traficantes e não a minha filha. Que vergonha! Além de doente, agora na delegacia! Que horror! Posso levá-la? A menina não fez nada de errado. Nem comprou a droga. Vamos, filha! Levante-se e vamos embora!

Pegou a filha pela mão e saiu. Henrique ia falar que ela não podia sair daquela maneira quando o delegado entrou na sala. Deu uma lição de moral nos dois que ficaram, que escutaram com indiferença, e os dispensou. Depois falou para Henrique:

— Perda de tempo! Não faça mais isso. Não suporto escutar esta frase: "Sou de menor!". A moça, por sinal muito cínica, é conhecida da sessão de entorpecentes: trafica pequenas quantidades e consome. E o garoto, como ele disse, é "de menor", já esteve internado e parece que sai cada vez pior. Não podemos, com o que apreendemos com eles, taxá-los de "traficantes". Por que fez isso?

— Fiquei — respondeu Henrique — com pena da senhora que telefonou, queixou-se da filha com tanta tristeza na voz. Aprendi a lição.

— Ainda bem — falou o delegado. — Viu como a senhora o tratou? Normalmente, os culpados são os filhos dos outros. Essa senhora deveria pelo menos ter deixado a filha passar um aperto. Fico chateado quando escuto críticas, até xingamentos, sobre nosso trabalho e que não fazemos nada. Esquecem os críticos que temos de obedecer a lei. Não se prende alguém facilmente.

O delegado saiu da sala, e Paulo, que estava presente e presenciou a cena, comentou:

— Quando vejo isso me dá vontade de interferir. Queria poder dar uns tapas na mocinha que vende drogas. Quando penso no meu filho, tenho vontade de pegar moças que seduzem e matá-las.

— Paulo, como está seu filho? — perguntou Henrique.

— Internado numa clínica. Domingo, a mãe dele foi visitá-lo, e ela me telefonou depois que chegou para me dar notícias. Minha ex-esposa foi com o marido, ela me disse que Paulinho está muito triste, conversou pouco e pediu para sair. Justificou-se dizendo que lá é ruim, não gosta da comida, faz muito frio, o colchão é duro etc. A mãe dele e eu conversamos sobre isso com uma psicóloga, sabíamos que ele ia reclamar. Não somos ricos, nem a mãe dele nem eu, porém Paulinho sempre teve tudo o que quis e deve estar sentindo falta. Penso que é isso que ele precisa, sentir falta de casa. As clínicas em que ele quer ser internado são muito caras. A que pagamos é mais em conta, porém, estamos nos sacrificando para pagá-la. Ainda bem que minha ex-mulher entendeu bem que ele deve continuar o tratamento. Penso que Paulinho não gosta de lá porque nessa clínica eles são obrigados a fazer tarefas. Cada um cuida de sua roupa, da limpeza do quarto, cuidam da horta... numa semana ajudam na cozinha e, na outra, na limpeza do prédio.

— Você não vai visitá-lo? — Henrique quis saber.

— Irei, sim. Quarta-feira é minha folga e o verei. Às vezes me revolto e penso no porquê de o Paulinho ter se viciado. Sempre o amamos. Nosso casamento não deu certo, mas, como pais, penso que acertamos. Minha ex-esposa casou-se de novo e tem uma filha que é boa garota. Eu também me casei e tive mais dois filhos, que não me dão problemas. Tentei dar toda a atenção ao Paulinho, mas talvez não tenha sido o suficiente. Meu filho se envolveu com uma garota, parecida com essa que saiu daqui, cínica, que atrai jovens e os vicia. Paulinho se apaixonou, penso que ainda está apaixonado. Quem nos vê somente como policiais não sabe os múltiplos problemas que temos. Você sabe se alguma dessas moças assassinadas se envolvia com drogas?

— Não tenho certeza — respondeu Henrique —, talvez duas delas, porém nada muito sério.

— Aconselho você a investigar mais esse detalhe. Quem sabe o assassino teve um trauma parecido com o meu e resolveu matar todas as traficantes. Porque dá vontade de matá-las, isso dá...

— Paulo, é melhor não falar assim — aconselhou Henrique.

O investigador Paulo sorriu e saiu da sala.

"Vemos", pensou o filho de dona Isaura, "tantos atos bárbaros no nosso trabalho que há momentos em que falamos o que não sentimos ou sentimos realmente o que falamos?".

Nos dias seguintes, Henrique conversou com muitas pessoas, colegas e amigos das moças que foram assassinadas e não apurou nada de novo. Continuou visitando Raquel.

Numa tarde, ao chegar à casa dela, dona Maria da Glória disse que a filha estava com vontade de tomar sorvete.

— Não dirijo — disse a mãe —, e Raquel não consegue andar com a perna engessada.

— Poderia levá-las, porém estou de moto. Gosto desse veículo, ele é rápido quando preciso. Não dá para levar Raquel na garupa.

— Você sabe dirigir carro? — perguntou dona Maria da Glória.

— Sim, tenho habilitação — respondeu o investigador.

— Então leve Raquel. Você dirige o carro dela. Se ela for com você, fico tranquila. Não posso ir, tenho um compromisso.

Os dois saíram, foram à sorveteria. O moço ajudou-a a descer do carro, a andar e ficou pertinho dela. Conversaram animados enquanto saboreavam o sorvete. Perceberam que tinham muitas coisas em comum, gostavam das mesmas músicas, livros e filmes. A conversa foi agradável. Nem sentiram o tempo passar. Levou-a de volta e, ao beijá-la na despedida, ele a pediu em namoro.

— Puxa — respondeu Raquel —, pensei que você nunca ia fazer isso. Estamos, então, namorando. E aviso-o: tem de ser sério.

Dona Maria da Glória ficou contente com a notícia, e a mãe dele, dona Isaura, também se alegrou.

Contou para os colegas na delegacia e escutou comentários como:

— Cuidado com o psicopata, ele pode matá-lo! Não esqueça que ela é a sétima órfã.— falou Marceano.

— Que bom! — exclamou Meire. — Pensei que você ia ficar para titio. Torço para dar certo!

FIZERAM OUTRA REUNIÃO, a polícia civil com a polícia militar. O comandante, o tenente Hipólito e mais dois soldados vieram à delegacia. O primeiro assunto foi sobre uns traficantes que há tempos estavam empenhados em prender.

— O pior — disse o comandante — é que sabemos quem são e não podemos prendê-los sem ordem judicial ou sem o flagrante.

— Eles são muito espertos para se deixarem ser pegos em flagrante — lamentou o tenente Hipólito. — Depois, eles estão muito bem armados. Num confronto conosco, levamos desvantagem. Penso que esse fato só tende a piorar.

Falaram mais sobre o assunto. Drogas e tráfico eram assuntos quase cotidianos entre as polícias. Depois, abordaram os assassinatos das moças órfãs.

— Meus homens — contou o comandante — indagaram por toda a cidade sobre o homem que rondou a escola, talvez seja um morador de rua ou algum andarilho, e não conseguiram apurar nada. Theodoro e Silva ficaram encarregados de investigar mais sobre isto. Encontraram doze homens com as características, mas nada certo. E aí, Henrique, o que você descobriu?

Ele relatou o que apurou:

— Dediquei-me mais à Rosemary, que morreu atropelada. Talvez tenha sido mera coincidência, mas tudo nos leva a pensar que o criminoso pegou essa moça e ela escapou. Concluo que foi assim: o psicopata pegou-a; passou por aquela avenida em que o trânsito flui sempre rápido, mas não contou com o fato de que haveria um contratempo; a moça escapou apavorada e foi atropelada. O carro em que ela estava não parou, seguiu sem importar ao ver o que havia acontecido com ela. Tudo suspeito, carro popular e sem placa. O que consegui apurar foi: ninguém conseguiu ver quem dirigia. Uns disseram que a pessoa estava de boné; outros, de chapéu e de óculos grandes. Rosemary era morena-clara, cabelos nos ombros, órfã de pai, participou do concurso, fumava maconha e talvez estivesse tendo um caso com outra mulher.

— Alguém mais dessas moças assassinadas usava drogas? — tenente Hipólito quis saber.

— Sim, pelo menos mais duas delas. Assim como também elas não tinham, naquele momento, relacionamentos sérios. Quanto a elas serem lésbicas, é algo também incerto, suspeito de duas somente. Pelo que apurei, ele, o psicopata, deve medir aproximadamente um metro e oitenta centímetros. É destro e não tem sotaque diferente: deve ser, portanto, da região ou mora aqui há algum tempo. Não deve ser apavorante, penso que tem aparência normal, nada que chame muita atenção. Recebi algumas respostas de perguntas feitas a outras delegacias. O padrasto, o que pensávamos ser o pai, de fato, não saiu do país em que mora, não viajou; portanto, está descartado, não é ele. Numa cidade não muito longe daqui, de porte médio, como a nossa, aconteceram três mortes parecidas, por assassinato. Eram três moças morenas-claras, com cabelos castanhos: foram estupradas e mortas, mas somente uma, a última, era órfã de pai. A última a ser morta foi há quatro anos.

— Acha que pode ser o mesmo psicopata? — perguntou o delegado.

— Pode ser — respondeu Henrique. — As três tinham as mesmas características. Quando pararam os crimes lá, começaram aqui. Nessa cidade, eles não prenderam o assassino nem tiveram suspeitos.

Depois de alguns comentários, o comandante desabafou:

— Tomara que não haja mais crimes. Até o governador do estado ordenou que prendêssemos esse homem.

— O que você, Henrique, pensa sobre os crimes que ocorreram nessa outra cidade? — perguntou o soldado Theodoro.

— Podem ter sido cometidos pelo mesmo criminoso — respondeu o investigador encarregado do caso —, muitas pessoas migram para cá. Mas como saber? Quantas pessoas se mudaram neste período de lá para cá ou daqui para essa outra cidade? Porém, pode ser que aqueles crimes não tenham nada a ver com os daqui. O fato é que não tenho onde investigar mais.

— Não temos — afirmou o delegado. — Infelizmente, não temos. O autor do telefonema não apareceu mesmo. Talvez, se ele se apresentasse, poderia nos contar o que realmente viu.

A reunião acabou, e o tenente Hipólito lembrou aos amigos da sua festa de aniversário.

Henrique afirmou que iria com sua mãe. Todos voltaram aos seus afazeres.

"Não sei o que fazer", pensou Henrique aborrecido. "Estou quase acreditando que sou realmente incapaz."

Ele foi para uma sala nos fundos da delegacia. Logo depois, Marceano o chamou, o colega estava eufórico.

— Venha rápido, colega, prenderam um estuprador!

Ele correu para a área de atendimento, sentia o coração disparado.

"Graças a Deus! Que bom!", pensou ele.

Na sala da frente estava um tumulto. Uma moça chorava muito nervosa. E assim que Henrique a viu, decepcionou-se, a mulher não era o perfil do *serial killer*. Bonita, gordinha, morena, de cabelos curtos e negros. Meire acalmava-a.

— Por favor, meu bem, acalme-se, aqui está protegida. Necessitamos saber detalhes para prendermos seu agressor.

— Vou me acalmar e contar tudo — falou a moça suspirando.

Henrique ficou na frente dela, escutava-a atentamente. A garota, depois de enxugar o rosto, contou:

— Passava pela rua, ele me pegou pelo braço, me fez entrar na casa e me atacou.

— Poderia reconhecê-lo? — perguntou Henrique.

— Ele estava com um capuz no rosto, era alto, forte, e eu mordi seu braço.

— Tem certeza de que o mordeu? — indagou o investigador.

— Tenho, sim!

— Você — interferiu Meire — vai agora para o hospital. Depois voltará aqui para tentar reconhecer o agressor. Vamos, meu bem.

— Se eu ficar com ele, quero lhe arrancar os olhos! — gritou a moça.

Meire acompanhou-a ao hospital. Marceano informou:

— Como lhe falei, prendemos o estuprador. Ele está algemado na outra sala. Vou trazê-lo aqui. Será o *serial killer*? Seria bom demais se fosse.

Logo Marceano retornou com o moço, que estava muito assustado.

"Não é ele!", Henrique escutou a voz.

— Sente-se aí, diga seu nome e endereço — pediu o investigador.

— Não fui eu! Não agredi ninguém. Moça nenhuma! — exclamou o preso.

— Responda somente o que é perguntado — ordenou Marceano.

Henrique fez um sinal com a mão, pedindo calma ao colega.

— Por que foi preso? — perguntou o filho de dona Isaura depois de ouvir o nome e o endereço dele.

— Ia passando pela rua, vi a polícia e corri.

— Correu por quê? — indagou Marceano.

Novamente Henrique fez um sinal com a mão para o colega, pedindo para não interferir mais. O moço estava apavorado e respondeu baixinho:

— Tenho medo de policiais.

— Você deve ter motivos para correr da lei — falou Henrique. — Deixemos isso para depois. Agora vamos nos concentrar no ataque. Tire a blusa, deixe-me ver seus braços.

O moço tirou a camiseta de mangas longas. Ele não tinha ferimentos nos braços, pelo menos recentes.

"O cheiro! Cheira ele!", pediu a voz.

O investigador levantou-se, aproximou-se do moço e o cheirou.

— Leve-o ao corredor e o algeme na barra.

Marceano levou e Henrique decidiu:

— Vamos voltar ao local do ataque, e rápido. Marceano, Garcia, venham comigo.

Rapidamente, os três foram para o local do ataque. Era a periferia de um bairro perigoso. Com armas em punho, pararam em frente à casa que a moça disse que havia sido levada. Entraram e nela encontraram dois homens se drogando. Encontraram também duas armas, facas e drogas. Levaram os dois para a delegacia. Um deles era idoso, e Henrique pediu ao colega:

— Garcia, dê conselhos a este e depois o libere, mas antes verifique seus braços.

"O cheiro!", Henrique escutou a voz.

Colocou o outro sentado à frente da escrivaninha, aproximou-se dele e o cheirou. Sentiu um cheiro forte de desinfetante.

— Foi você! — acusou Henrique.

— Como eu? Só porque uso drogas de vez em quando me acusam de tudo?

Nisso, a moça retornou à delegacia, estava mais calma.

— Por favor — pediu o investigador —, olhe bem para ele e o cheire. Foi este o homem que a atacou?

A moça aproximou-se dele e o cheirou. Estremeceu de raiva.

— O cheiro! Quero ver seu braço!

O homem tentou sorrir, e Marceano ordenou:

— Tire a camisa!

O braço esquerdo dele estava com uma atadura. Marceano a tirou e lá estava o ferimento, os sinais de dentes, e recentes.

"Ele é o atacante dela e de mais algumas outras, mas você sabe muito bem que ele não é assassino nem o homem que procuramos", a voz interferiu.

O agressor ficou quieto, e a moça avançou nele, arranhando seu rosto. Afastaram-na, e o homem ficou com o rosto sangrando.

— A senhora — disse Meire — está liberada. Terá de voltar aqui, mas agora deverá descansar. Vou levá-la para casa.

— Agradeço aos senhores. Estão sendo ótimos profissionais! Que Deus os abençoe!

— E você está preso! — falou Garcia para o agressor.

Os colegas se aproximaram de Henrique e o indagaram:

— Como você sabia do cheiro?

— A moça falou.

— Não falou, não! — afirmou Paulo. — Fiquei atento a tudo o que a mulher agredida disse e não a escutei falar em cheiro.

Henrique não quis contar que havia sido a voz quem o havia alertado e inventou:

— Se não foi a moça quem falou, fui eu que senti o cheiro forte dele e calculei que, se tivesse sido ele, a mulher também teria sentido.

— Você é esperto! — comentou Marceano. — Mas não é melhor averiguar se não é ele o *serial killer*?

— Tenho a certeza de que não é — respondeu Henrique convicto. — O homem que procuramos é cuidadoso, ataca somente depois de planejar e escolhe as vítimas. Esse é desastrado, age sem planejamento. Assim que noticiarmos sua prisão, com certeza aparecerão outras vítimas, e todas vivas. Ele não deve ter matado nenhuma. É uma pena, mas não é ele o psicopata que procuramos.

Voltaram aos seus afazeres, e Henrique pensou: "Voz! Ó, voz! Você me deu a dica. Por que não me dá também para o outro caso? Está muda? Por que não fala? Voz! Mário!"

"Pare de se lamentar!", escutou a voz. *"Você sabe que o rapaz é inocente, pelo menos nestes crimes. O que pensa de nós? Não somos maus! Não a ponto de ver um inocente sofrer. Nós queremos o monstro! Você não é mesmo competente!"*

Henrique foi ao corredor, soltou o moço, levou-o à sala e aconselhou:

— Rapaz, quase que você se dá mal. Mude de vida. Por que teme a polícia? Roubos? Tráfico? Seja honesto. Não faça mais nada errado. Vá trabalhar. Porque na próxima vez o "se" pode falhar e aí...

— Fiquei com muito medo — falou o rapaz. — O senhor tem razão. Estaria muito encrencado "se" o senhor não descobrisse o verdadeiro agressor. Ele me viu ser preso e nada fez.

— E não iria fazer nada mesmo. Não aposte mais no "se". Aja corretamente para não precisar mais correr dos policiais.

— Agradeço ao senhor.

— Pode ir embora.

Henrique estava arrasado. Acabou seu turno e em vez de ir para sua casa, foi para a residência da mãe de Silvana. Encontrou-a em casa. Convidado a entrar, ficou sentado por uns instantes sem saber o que fazer ou falar.

— Como vai? — perguntou a senhora sorrindo.

— Mal. Não me sinto bem. Voltei. Estou mal porque não prendemos o criminoso. Estou inquieto, com receio de que ele volte novamente a matar.

— Espero que se acalme. Vou ler para você um trecho de *O Evangelho Segundo o Espiritismo*, livro que estudamos muito e tentamos, nós, os espíritas, vivenciar os ensinamentos. Uma questão que me ajudou muito está no capítulo 11, "Amar o próximo como a si mesmo", item 14, "Caridade para com os criminosos": "A verdadeira caridade é um dos mais sublimes ensinamentos que Deus deu ao mundo por Jesus e deve existir entre os autênticos discípulos de sua doutrina uma completa fraternidade. Deveis amar os infelizes e os criminosos como criaturas de Deus, aos quais o perdão e a misericórdia serão dados, desde que se arrependam, como também a nós mesmos pelas faltas que cometeis contra sua Lei. Imaginai que sois mais repreensíveis, mais culpados que aqueles aos quais recusais o perdão e a compaixão, pois, muitas vezes, eles não conhecem a Deus como vós e, por essa razão, menos se exigirá deles".

Henrique escutou calado e depois perguntou:

— O que é um assassino para a senhora?

— Um ser que me lembra as raças inferiores. Um enfermo da alma. Uma pessoa a quem falta o sentimento da moral, é desarmonizado consigo mesmo, vinculado a problemas espirituais.

— O que a senhora pensa sobre o assassino de sua filha?

— Um doente — respondeu a mãe de Silvana —, que Deus nos manda socorrer como todos os outros que agem com crueldade.

— A senhora pensa que ele deve ser tratado como doente?

— Sim, porém ele é um doente perigoso que devemos corrigir com a reclusão da sociedade e, com tratamento adequado, assisti-lo e agir com caridade para com ele. Você quer que eu ore para você?

— Sim, quero. Por favor, me transmita um pouco de sua serenidade.

— Ore também ou acompanhe minha oração.

A senhora se levantou, ficou perto da visita e orou:

— Senhor, Nosso Amado Irmão Jesus, nós rogamos proteção. Ajude-nos a nos livrar dos sentimentos de raiva, rancor, desânimo e tristeza. Proteja-nos dos males que nós mesmos criamos. Auxilie-nos a amar todos como irmãos que somos. Serene nosso coração e guie nossos passos para o lugar certo. Pai Nosso...

Henrique suspirou, passou a agonia que sentia, revigorou-se. Olhou para a senhora e sorriu.

— Obrigado! Estou me sentindo melhor.

Levantou-se, despediu-se e foi para sua casa.

No umbral

Numa pequena gruta situada no umbral, um grupo se reuniu, era precedido por Mário, pai de Maria Isabel, a primeira vítima da cidade em que ocorriam os crimes. O grupo era formado por doze desencarnados.

— *Estou aborrecido* — queixou-se um homem, o Tusca —, *sou pai de uma das vítimas e aguardo ansioso pela vingança. Até quando esse cruel assassino ficará impune? Não é melhor pedir ajuda ao chefão do pedaço?*

— *Está louco?* — Mário se indignou. — *Sabe bem que por aqui não se faz nada gratuitamente. Para recebermos auxílio, teremos de servi-lo, e quase como escravos. Você por acaso já prestou atenção nos seguidores desse chefe? Seria*

capaz de maltratar pessoas que nada têm a ver com você?
E, depois, será que ele fará melhor do que nós? Servindo-o,
teríamos de dividir nosso tempo entre o trabalho para ele e
o nosso. Alguém mais pensa como Tusca?

— Por favor, amigo — disse uma senhora —, nem
pense em pedir auxílio ao chefão. Ele é cruel, e ai de quem
não cumpre suas ordens, é castigo na certa. Estou com o
Mário. Estamos atentos e nossa vez chegará.

— Acho-a uma fracassada — replicou Tusca. —
Você é somente uma avó. Cadê sua neta? Seu filho?

— Minha neta perdoou e meu filho não quis se vingar.
Desistiu depois da visita daqueles servidores do bem. Mas
eu estou aqui!

— Por quê? — perguntou Tusca.

— Porque gosto — respondeu a avó. — Amo este
lugar, aqui sou livre, por isso voto contra pedir auxílio e
perder a liberdade. Depois, não esqueço o que aconteceu
com minha neta. Alguém da família tem de tomar algumas
providências.

— Levante — pediu Mário — a mão quem quer
pedir auxílio ao chefão deste pedaço do umbral.

Somente dois levantaram a mão.

— A maioria venceu — disse Mário —, aconselho-os
a ficarem conosco. Não será bom ter dois grupos neste caso.

Os dois se olharam e resolveram ficar. Mas Tusca
reclamou:

— Nosso contato encarnado não pode mais pedir ajuda.

— *Aquele incompetente é teimoso* — falou Mário —, *faz o que quer. Tudo bem, quando ele foi à dona Celeida, conversamos.*

— *Conversaram ou discutiram?* — perguntou Tusca.

— *Isso não tem importância, um dia ele entenderá que não pode falar comigo daquele jeito. Ele tem personalidade. Estamos insistindo e acabaremos vencendo.*

— *Você não é muito frouxo com ele?* — perguntou a senhora, a avó.

— *Não, claro que não!* — exclamou Mário. — *Estamos o perturbando, não estamos?*

— *É apostando nisso que o teremos?* — indagou a senhora.

Mário não respondeu, e Tusca voltou a reclamar.

— *Espero que ele não vá mais pedir ajuda. Quando ele foi àquele centro de umbanda, dois espíritos trabalhadores do local nos visitaram. Tivemos de escutá-los, e o resultado: perdemos três companheiros.*

— *Eles foram porque quiseram* — Mário ficou nervoso —, *eram uns frouxos que não farão falta.*

— *Vê se consegue* — falou Tusca — *impedi-lo de voltar lá ou de ir à casa da mãe de Silvana. Essa moça é outra tola, igual à mãe. Além de perdoar, insiste para perdoarmos também. Nem gosto de pensar no que ela nos fala: que tudo tem motivo, que nada acontece por acaso, que somos donos absolutos de nossos atos, que ninguém precisa se vingar. Parece até que ela ama o assassino. Beata!*

— *Vamos esquecer* — aconselhou Mário — *esses contras. Cada um pensa o que quiser. Nós não somos maus! E se nos compararmos a ele, o monstro, somos bonzinhos. Vamos continuar unidos. Vamos continuar nos enchendo de rancor e trabalhar. Unidos seremos fortes. Os fracos que se afastem, pois eles são uns estorvos.*

— *Tenho medo da equipe de umbandistas* — falou a avó —, *não gosto da mãe de Silvana e torço para ninguém procurar ajuda do pessoal espírita. Estes umbandistas e espíritas não são flor que se cheire, até o chefão não gosta deles; para mim, esse chefe tem medo deles. De fato, esses religiosos são intrometidos e uns fracotes que querem perdoar tudo e todos.*

— *Ainda bem que* — opinou Tusca —, *se não mexemos diretamente com eles, somente dão conselhos e oferecem ajuda que não nos interessa. Por isso, espero que ninguém peça socorro e que eles não se intrometam.*

— *Mário* — disse a avó —, *o que será que esses espíritas fariam se ele, o monstro, pedisse auxílio a eles? Não para se livrar de nós, mas para ajudá-lo. Queria até ver a cara daqueles dois trabalhadores do centro de umbanda que aqui vieram nos aconselhar se ele fosse lá pedir socorro depois de desencarnado. O que eles fariam? Mas também gostaria de saber se eles continuariam a dar uma de bonzinhos se o assassino matasse uma neta deles.*

— *Tem gente para tudo* — respondeu Mário —, *não viram o pai da Silvana e a mãe dela? Pessoas sem personalidade!*

— *Ou com muita* — opinou Tusca. — *Mas deixemos os opositores para lá. Já que fiquei com vocês, o melhor é planejarmos o que faremos. E também os lembro de que, pelo sorteio, eu serei o primeiro a castigá-lo. Por que não atacamos com mais intensidade?*

— *Você sabe bem* — explicou Mário — *que, quando nos aproximamos do monstro com mais intensidade, ele fica pior. Parece, como nos disse o trabalhador umbandista, que a nossa energia negativa aumenta a dele. Que o negativo aumenta o negativo. Por isso devemos agir com precaução. E, como já foi votado, por nós não sermos maus, não queremos maltratar inocentes. Mas agora eu pergunto: As vítimas não eram inocentes?*

— *Eu já nem sei* — falou outro pai. — *Tenho tido algumas lembranças do passado e estou pensando que talvez esse acontecimento trágico tenha sido reação.*

— *Pai!* — gritou uma moça, uma vítima. — *Cale a boca! Não quero que pense nisso. Não me ama mais? Queria estar encarnada, ter minha vida de volta. E ele acabou comigo. Temos de nos vingar!*

— *É isso aí, garota! É assim que se fala!* — Mário elogiou-a.

— *Como está sua filha Maria Isabel?* — perguntou a moça a Mário.

— *Não consigo tirá-la de sua perturbação. A coitadinha está alheia. Sofreu um trauma muito grande. Mas ela vai melhorar.*

143

— *Eu já dei uma sugestão. Por que não arrisca?* — perguntou a avó.

— *É realmente um risco* — falou Mário —, *deixá-la na porta de um centro espírita para eles a ajudarem e depois chamá-la para que ela volte com raciocínio. Mas e se ela não conseguir atender ao meu chamado? O que se diz por aí é que os espíritas respeitam a vontade alheia e não prendem ninguém. Mas e se eles a convencerem a perdoar? Aí perco a minha menina. Pensei e decidi esperar. Cuido muito bem dela, conforme minha esposa me pediu. Aguardarei esperançoso ela melhorar.*

— *O que faremos além de aguardar?* — perguntou Tusca.

— *Seguir o que planejamos* — respondeu Mário. — *Alguém tem alguma ideia que não seja mirabolante? Uma ideia que consigamos realizar?*

Ninguém respondeu, e Mário finalizou:

— *Então vamos fazer como planejado, administrar os imprevistos e aguardar a desforra.*

Não tinham muito que fazer: conversaram mais; traçaram metas; falaram novamente sobre o que fariam com ele, o "monstro", como o chamavam. Um incentivava o outro. Estavam tristes porque a mágoa, o rancor e o ódio geram tristezas e infelicidades, mas, em vez de saírem dessa faixa, alimentavam-na mais e, quanto mais se sentiam infelizes, mais culpavam o outro. A reunião acabou.

Festa e trabalho

Nos dias seguintes Henrique não investigou mais nada sobre os crimes. E o namoro com Raquel estava muito prazeroso, ele estava cada vez mais interessado nela.

O dia da festa de aniversário do tenente Hipólito chegou, e Henrique foi com a mãe. A namorada não quis ir, deu como desculpa estar com a perna engessada, mas ele entendeu que ela não se sentiria bem no meio de tantos policiais.

Maura, a esposa do tenente, recebia muito bem e tudo no churrasco estava delicioso. As crianças brincavam e, infelizmente, como sempre ao se reunir, acabavam falando do trabalho.

— Eu — disse Paulo —, se fosse um psicopata, mataria todas as mulheres que traficam drogas. Iria matá-las com uma overdose.

— Mataria as lésbicas assassinas — opinou Garcia —, as que seduzem mocinhas inocentes. Não sei por que elas não procuram outras iguais e não deixam em paz as que não querem se envolver.

— Não generalize — pediu Meire. — O psicopata que procuramos é heterossexual e um assassino cruel. Não prendi ainda nenhuma lésbica assassina.

— Sei disso — retrucou Garcia —, como sei também que os crimes mais cruéis foram cometidos por heterossexuais. E você, Henrique, quem mataria?

— Não sei — respondeu ele. — Talvez as ruivas.

— Por que as ruivas? O que você tem contra elas? Você é ruivo — Meire quis saber.

— Nada — respondeu o filho da dona Isaura. — É que todas as ruivas são bonitas. Todas as pessoas ruivas são lindas.

Riram.

— Eu — falou Marceano —, se fosse um *serial killer*, mataria as mulheres que me esnobam.

— Se isso ocorresse, ficariam poucas mulheres — gozou Garcia.

— E o senhor, delegado, quem eliminaria? — Marceano quis saber.

— Daria fim nas pessoas cínicas. Principalmente aquelas que dizem: "Sou de menor"!

— Eu mataria — intrometeu-se Maura — todos os maridos que, em festa de família, falam de trabalho.

Riram. Tenente Hipólito fez um carinho na esposa e disse:

— Com certeza eu eliminaria todas as esposas ciumentas e implicantes.

Gargalharam e mudaram de assunto. Henrique foi ajudar Maura a servir os convidados e ambos começaram a conversar.

— Você gosta desta cidade, Maura? Acostumou-se aqui?

— Faz quatro anos que moro aqui. Gosto, sim.

— Já morou em muitas cidades? — ele quis saber.

— Conheci Hipólito na cidade em que nasci e sempre morei. Ele foi transferido para lá. Conhecemo-nos, namoramos e casamos. Hipólito já tinha se mudado muitas vezes. Lá nasceram meus filhos, Ester e João Vitor. Com as crianças pequenas mudamos para uma cidadezinha e ficamos por seis meses somente, depois residimos em outra e viemos para cá — ela contou o nome da cidade e o motivo da transferência.

Henrique quase se engasgou quando ouviu o nome da cidade que eles residiram anteriormente. Era a cidade em que houve os três assassinatos. Não disse nada. Maura foi servir outras pessoas, e ele então prestou atenção na anfitriã. Maura tinha o aspecto físico das moças assassinadas, somente tinha mais idade, era mais velha e um pouco mais gorda. Era morena-clara, cabelos e olhos castanhos e muito bonita.

Ele aproximou-se de Garcia e comentou:

— Hipólito já morou na cidade em que houve aqueles três assassinatos parecidos com os que tivemos aqui. Residiam lá quando as duas primeiras vítimas morreram.

— Eu também morei lá, faz sete anos que me mudei. O que tem isso?

— Com certeza, nada.

"Por que", pensou Henrique, "o tenente não falou, na reunião, que morou lá na ocasião dos crimes? Vou indagá-lo".

Procurou-o e viu o tenente conversando com a esposa de Garcia. Aproximou-se, logo ficaram sozinhos, e Henrique o indagou:

— Maura me disse que vocês moraram na cidade que houve aqueles três assassinatos das moças. Por que você não falou?

— Porque não achei importante. E porque também estava encarregado, naquela época, de uma investigação importantíssima, o roubo do cofre de um grande banco. Estava tão empenhado nesse trabalho que nem prestava atenção aos outros delitos. Você sabe que o delegado participou da investigação em que eu trabalhava? Mesmo morando em outra cidade, ele ia muito lá e, desde aquela data, somos amigos. Sinto lhe dizer, colega, que nem me lembrava dessas mortes. Por que não vai lá e tenta obter mais informações?

Henrique mudou de assunto, mas ficou apreensivo e pensou:

"Garcia já morou lá, o tenente também, e o delegado ia muito nessa cidade. Será que isso é importante ou não tem nada a ver? Por que estou inquieto com isso? Preciso me aquietar e curtir a festa."

A festa continuou animada, mas Henrique ficou inquieto. Tentava se distrair, mas não conseguia.

"Faz quatro anos", pensou, "que Maura mora aqui; o último crime lá, na outra cidade, da moça que era órfã, foi depois que o casal anfitrião já estava aqui. Mas por que estou pensando nisso? Que pensamentos sem cabimento".

"Se não fosse o assassino alguém inteligente você já o teria prendido!"

"Não", pensou Henrique, "a voz novamente, não! Por favor!"

"'Por favor', digo eu! Encontre o assassino! Preste atenção em você! Incompetente!"

Henrique aproximou-se dos amigos e se pôs a conversar com eles.

— Vou — contou Paulo — neste fim de semana na casa de minha sogra. Vou num dia e volto no outro.

— Atualmente viajamos fácil — comentou Garcia.

— Principalmente se não é distante — falou Paulo. — Às cidades da região, pode-se ir e voltar no mesmo dia. Uma vez prendi um ladrão que morava há duzentos quilômetros da cidade em que trabalhava. Ele vinha, cometia o furto, dizia cinicamente que vinha trabalhar e voltava para sua casa na outra cidade. Foi difícil prendê-lo. Um senhor viu-o entrar numa casa próxima à sua, nos chamou e o prendemos em flagrante.

— Como denúncias — disse Garcia — sérias nos ajudam e também a todos, porque o ladrão preso não furtou mais. Talvez, se o vizinho não denunciasse, a próxima casa a ser furtada seria a dele.

— Você, Paulo — perguntou Henrique —, acha que existe a possibilidade do *serial killer* ser de outra cidade?

— Calma, colega! — exclamou Paulo. — Por favor, você só pensa nisso! Maura tem razão, festa não é lugar de conversar sobre trabalho.

Paulo afastou-se do grupo, e Marceano indagou:

— Por que ele ficou tão bravo?

Ninguém ousou responder, e o filho de dona Isaura pensou:

"Muito estranha a atitude de Paulo."

Às vinte e duas horas, os convidados começaram a ir embora, e um grupinho foi ajudar Maura lavando as louças e colocando objetos nos lugares. Dona Isaura e o filho foram os últimos a saírem. Despediram-se do casal, agradecendo-lhes. No caminho de volta, dona Isaura comentou:

— Que casal simpático! Gosto deles!

Henrique concordou.

RAQUEL TIROU O GESSO e passou a fazer fisioterapia. A mãe estava sempre com ela. Não saía mais sozinha. Voltou ao trabalho, passou a ir no período da manhã na escola e a trabalhar na secretaria, por algum tempo não lecionaria. As notícias sobre os crimes foram escasseando. A cidade estava ficando cada vez mais violenta, como todas as cidades. Os policiais tinham excesso de trabalho e, embora todos continuassem atentos ao caso do *serial killer*, estavam envolvidos em outros casos, como o de um assaltante de moto que passava perto de mulheres e arrancava suas bolsas.

— Temos a descrição da moto — lamentou o delegado —, porém ninguém anotou a placa. Uns dizem que estava coberta, outros que não prestaram atenção. Ninguém também conseguiu descrever o motociclista por usar capacete que, pelo que dizem, é comum. Somente afirmaram que é um homem. Estamos a fim de prendê-lo. Assaltou sete mulheres!

Nem bem o delegado acabou de falar, entrou na sala uma mulher chorando.

— O ladrão da moto — disse a mulher — assaltou minha mãezinha. Ela tem setenta e cinco anos. Estava indo à padaria, o motoqueiro passou, arrancou sua bolsa e a derrubou na rua. Agora minha mãe está no pronto-socorro. Minha filha está com ela, terá de fazer curativos e ser medicada, pois sua pressão arterial subiu. Se os senhores não fizerem nada, na próxima vez, talvez, ele mate alguém. Se tivesse passado um carro naquele momento na rua, talvez mamãe fosse atropelada.

Meire levou água para a senhora, e Garcia, tentando ser gentil, respondeu com calma.

— Senhora, lamento muito, vamos prender esse marginal. Estamos empenhados.

— Pelo visto não estão se empenhando tanto assim!

Fez a queixa, estava muito nervosa, e eles entenderam, aquele assaltante estava muito abusado.

Naquela mesma tarde, a polícia militar fez uma *blitz* numa avenida que dava acesso a um bairro populoso e pegaram um mocinho sem documentos. E, pela moto, descrição do capacete e pelos seus pertences, acharam que poderia ser o assaltante.

Chegou algemado à delegacia, e o delegado observou-o.

— Então não está com documentos, nem o seu, nem o da moto? Como anda por aí assim?

— Sou de menor!

O delegado de fato se irritava quando escutava isso, então Meire conduziu o interrogatório.

— Você ficará aqui — ordenou a investigadora —, responderá o que lhe for perguntado e não minta! Dê-nos o telefone de sua casa para avisarmos seus pais para eles virem aqui e trazerem seus documentos.

— Moro somente com minha mãe! A moto é emprestada. Não temos telefone. Mas, afirmo, sei dos meus direitos. Sou de menor!

— Isso nós vamos verificar. Dê-nos seu endereço — Meire pediu novamente.

O moço deu. Meire algemou-o numa cadeira afastada da mesa. A equipe conversou trocando ideias. O delegado pediu autorização ao juiz para entrar na casa que o garoto passou como endereço para dar uma batida.

— É melhor termos provas — disse o delegado.

— Se ele é o ladrão que procuramos, com certeza encontraremos objetos roubados no lar dele.

A autorização veio rápido. Quatro homens foram ao endereço, que era num bairro violento. Como o delegado previra, na casa do rapaz encontraram várias bolsas e documentos das vítimas. Trouxeram as provas, e a mãe do jovem foi junto, levando os documentos dele e da moto. A senhora chegou nervosa e, ao ver o filho, lhe disse:

— Fique calado! Eu falo! Você não presta para nada. Não lhe falei para dar um tempo nesses furtos? Por que não me atendeu?

Aproximou-se de Garcia e falou:

— Meu filho tem somente dezessete anos. Aqui estão os documentos dele. A moto é de um vizinho, meu amigo, que está trabalhando e deixa a motocicleta na frente de sua casa. Meu filho, às vezes, pega o veículo sem ele saber. O vizinho não tem nada a ver com isso.

— A senhora sabia que seu filho furtava? — perguntou Garcia.

— Claro que não! — exclamou ela, cínica. — Pensava que ele saía somente para dar umas voltas.

— E as bolsas que encontraram em sua casa? — Garcia quis saber.

— Não as tinha visto. Não sei de nada — respondeu a mulher.

— A senhora sabe que seu filho é menor de idade e que menores não podem dirigir motos. Sabe ou não?

— Não prestei atenção nesse fato. E agora, o que acontecerá com o meu filho?

— Ficará conosco, infelizmente somente por uns tempos.

— Eu não posso ser preso! — exclamou o mocinho.

— Veremos — respondeu Garcia. — A senhora está dispensada. A moto ficará apreendida. Pode ir embora. Aquela senhora — mostrou Meire — lhe dará informações de como proceder e para onde seu filho será levado.

Meire fez uma careta. Por ter mais paciência, sempre que podiam, na delegacia, empurravam-lhe os casos mais delicados ou como os daquele garoto, que deixou todos nervosos. A mídia chegou e o delegado permitiu que, se o jovem quisesse, poderia dar entrevistas. Mas quem falou mais foi a mãe dele. Ela chorou, contou que criara o filho sozinha, que seu menino era boa pessoa e que a culpa era das más companhias, que seu filhinho se arrependera etc.

— ÀS VEZES — COMENTOU o delegado com sua equipe —, penso como seria bom para aqueles que fazem as leis estagiarem alguns dias numa delegacia de uma grande cidade que atende bairros violentos. Talvez eles reformulassem algumas leis. Essa mulher deveria ser presa. É cínica. Por que será que o psicopata não mata as mulheres cínicas?

— Ou as más mães? — completou Paulo.

— Pelo menos prendemos o ladrão da moto — falou Meire. — Esse assaltante causou muitos danos. Como a mídia anunciou, logo as vítimas virão buscar seus documentos e pertences. E o ladrão, por ser menor de idade, ficará recolhido por pouco tempo. Infelizmente, como nós temos visto, em liberdade, ele tentará cometer outros furtos.

— E aí terá acabado a desculpa de ser de menor — falou Paulo.

— É muita confusão! Às vezes não entendo casos assim! — exclamou Meire.

— O que você não entende? — perguntou Henrique.

— Este jovem nasceu num lar completamente desestruturado. Vocês viram a mãe? Em vez de dar uma bronca no filho por estar cometendo um ato errado, ficou brava com ele por ter furtado de novo e ter dado tudo errado. Coitado do garoto! Será que ele é assim por causa do meio em que vive?

— Às vezes — opinou Henrique — eu também não entendo. São muitas as crianças e jovens na situação dele, que nasceram em lares completamente desestruturados e são ótimas pessoas, são trabalhadores honestos. Como também vemos aqui outros que nasceram em lares aparentemente estruturados, jovens que têm de tudo, boas escolas, brinquedos etc. e são péssimos cidadãos. Alguém explica? Teremos respostas na teoria das reencarnações?

— Tudo pode ser — comentou Meire —; se procurarmos realmente respostas, talvez cheguemos às pluralidades das existências.

— Eu — contou Paulo — nasci num lar pobre, num bairro de periferia. Meu pai faleceu quando eu tinha oito anos. Minha mãe foi embora meses depois com destino incerto, disse que ia trabalhar em outra cidade. De vez em quando nos mandava notícias e, raramente, algum dinheiro. Minha irmãzinha é três anos mais nova que eu, e ficamos morando com minha avó materna. Nossa vozinha lavava roupas de freguesas, e minha irmãzinha e eu começamos a trabalhar muito novos. Estava com dezesseis anos quando minha avó, amava-a muito, faleceu. Com muita dificuldade, estudando e trabalhando, tanto eu como minha irmã somos honestos, temos bons empregos e constituímos família. Por tudo isso não aceito desculpas de que a pobreza faz bandidos. E, talvez, a reencarnação possa explicar as dificuldades que algumas pessoas enfrentam. Sinto que tudo o que passei foi como uma prova e, se assim foi, com certeza vencemos. Aprendi muito: hoje dou valor à honestidade, ao trabalho e à família. Sou bom pai, ótimo cidadão, pelo menos penso que sou.

Do TUMULTO DA DELEGACIA à tranquilidade do carinho da namorada, Henrique estava se sentindo bem.

Investigando

"*Incompetente! Faça alguma coisa! O que está esperando, outra moça ser morta?*"

As vozes voltaram, e Henrique estava inquieto e nervoso. Ninguém conseguira encontrar nada que pudesse ajudar nas investigações.

Henrique, com as fotos do concurso da mais bela órfã, tentou saber quem elas eram, principalmente se havia mais órfãs de pai, assim como também tentou entrar em contato com todas. Não foi tarefa fácil: depois de muitas visitas e perguntas, localizou algumas garotas do concurso, e elas sabiam somente o primeiro nome umas das outras. Soube que mais duas eram órfãs paternas. Uma era uma judoca, lutava muito bem. A outra era Maria Aparecida, uma moça que trabalhava na feira. Com dificuldade e muitas perguntas, descobriu onde ela morava atualmente.

Foi visitar Maria Aparecida, era de tarde. Quando parou a moto em frente à casa e bateu palmas, dois homens se aproximaram dele.

— O que você quer, moço? — indagou um dos homens, observando-o com expressão séria.

Henrique explicou que era da polícia e viera conversar com Maria Aparecida.

— Cida! — gritou o outro homem. — Pode sair! O homem é da polícia.

— Senhor — disse o outro homem —, somos vizinhos dela e estamos atentos. Cida e o marido são boas pessoas, e aqui todos são amigos. Sabemos dos crimes que têm havido e, como Cida participou do concurso e é órfã de pai, nos reunimos para ajudá-los. Enquanto não prenderem o assassino, ficaremos atentos.

— Agradeço aos senhores e, por favor, se virem alguém suspeito rondando a casa dela, nos avisem.

Uma mulher abriu a porta, cumprimentou-o e, assim que Henrique viu-a, entendeu que ela não seria vítima do *serial killer*. Maria Aparecida já era mãe de um garotinho de dois anos e estava grávida de seis meses. Era muito bonita, mulata, cabelos negros e curtos. Não foi convidado a entrar.

— Converso com o senhor aqui na porta — disse Maria Aparecida.

As pessoas, agora mais quatro mulheres que se juntaram aos dois homens, afastaram-se e ficaram do outro lado da rua atentos aos dois.

Henrique explicou que estava conversando com todas as garotas que participaram do concurso. E conversaram sobre aquele evento.

— Infelizmente — disse Maria Aparecida —, não tenho nenhuma informação para lhe dar. Não conhecia nenhuma daquelas garotas antes do concurso e depois não as vi mais. Embora eu não seja do tipo físico que ele gosta, tomei alguns cuidados. Não saio sozinha, fechamos bem a casa e colocamos nas portas canecas que farão barulho se tentarem abrir. Somente sossegarei quando o prenderem. Estou acompanhando tudo o que se noticia sobre esses crimes. E está perto de ele atacar. Tenho medo! Não sei se para ele o mais importante é o aspecto físico ou ser órfã. Vigie as outras. Penso que ele não se interessará por mim. Ele não matou nenhuma que era mãe, não é? O senhor não entende os recados que ele está dando?

— Por favor — pediu Henrique —, diga o que pensa. Se sabe de alguma coisa, fale e nos ajudará.

— Se soubesse de alguma coisa, eu já teria ido ao jornal e falado aos jornalistas. Quero mais que ele seja preso. O que falei, o recado, é: penso que um criminoso é assim como um viciado. Matou uma vez, sente necessidade de matar novamente. Porém, ele deve saber que está errado e no fundo deseja que alguém o pare. Talvez tenha até pedido socorro.

— Pode ser — concordou o investigador —; porém, estamos sem pistas.

— Já não é uma? — perguntou Maria Aparecida. — Uma cozinheira sabe o que está faltando na comida alheia e, quando é a dela que está em julgamento, faz tão benfeito que fica difícil alguém dizer onde está o erro.

— Está tentando me dizer que é alguém que trabalha com crimes?

— Estou lhe dizendo que deve ser alguém que entende do assunto. Um escritor talvez, alguém que escreva romances policiais. Se fosse alguém que não entendesse, a polícia já teria prendido. Se não existem pistas, deve ser alguém que não as deixa porque sabe o que seja uma pista. Entendeu?

— E por que você pensa que ele quer parar?

— Todos os viciados querem — respondeu Maria Aparecida. — Talvez ele tenha até lhe pedido isso.

O garotinho começou a chorar, Henrique agradeceu e se despediu. Foi à delegacia e procurou saber se na cidade morava algum escritor. Nada. Nenhum escritor de romances policiais morava na região.

No outro dia, foi atrás da segunda garota, a judoca. Kelly recebeu-o na academia em que treinava.

— Não tenho medo deste *serial killer* nem de homem nenhum — disse a moça. — Sei atirar, comprei uma pistola, tenho estado armada e sou professora de defesa pessoal, judoca, treino muito e estou competindo. Posso enfrentar esse homem! Ele não pode comigo. Até queria que ele me atacasse, iria prendê-lo depois de surrá-lo bastante.

— Não faça isso, Kelly — pediu Henrique. — Ele é um assassino, e mentes criminosas são ardilosas.

— Ele atacou mocinhas indefesas, mas eu sei me defender.

— Veja esta foto — pediu o investigador, mostrando a do concurso. — Conhece essas garotas? Sabe quem delas é órfã somente de pai? É capaz de me dar nomes e endereços?

— Sinto saudades desse tempo — falou Kelly. — Participei do concurso para ganhar roupas. Lembro-me de que uma parte das concorrentes era órfã de mãe; duas somente, de pai e mãe; e um grupinho, de pai. Tudo comprovado para não haver fraudes. Estas aqui — apontou na foto — foram mortas, e esta foi atacada, mas escapou. Esta aqui, a Cida, não faz o tipo físico dele. Restou somente eu. Estava loura na época.

— Como sabe disso?

— Tirei muitas fotos no concurso. Mamãe tirou, e eu escrevi, atrás das fotos, nomes e orfandade.

"Pelo que apurei", pensou ele, "Kelly está certa".

Henrique comparou a Kelly atual com a da foto. Estava muito diferente. Na foto, a moça estava loura, cabelos curtos e muito maquiada. Agora estava mais magra, musculosa, e os cabelos, nos ombros, pintados de castanhos.

— Você era loura?

— Sou loura — respondeu a judoca —, enjoei e pintei os cabelos.

"Será que essa garota quer ficar com o aspecto físico de quem o psicopata ataca?", pensou Henrique.

— Você era mais bonita loura — comentou ele.

— Talvez volte a ser.

— Você deve tomar cuidado — aconselhou Henrique. — Por favor, enquanto não prendermos este assassino, não saia sozinha, principalmente à noite.

— Pode deixar, serei cuidadosa. Mas até queria enfrentar esse psicopata. Já pensou que escândalo? Uma judoca inocente prende um bandido que a polícia não deu conta de prender?

— Não brinque, Kelly. Ele é perigoso!

— Eu também sou perigosa. É difícil eu ficar sozinha. Treino com doze judocas, todas jovens e fortes! Tenho muitos amigos, homens fortes para me proteger.

Henrique aconselhou-a novamente, agradeceu e se despediu. Na delegacia, pegou todas as fichas das moças que foram pedir proteção. A única que realmente se encaixava no perfil das vítimas era Lucinda, uma enfermeira. Essa garota não participou do concurso. Estava na faixa etária das outras moças, era

morena-clara, cabelos castanhos, e seu pai havia falecido havia cinco anos num acidente. Na ficha estava
seu endereço, morava com a mãe e uma irmã deficiente mental. Ele foi ao endereço, a casa estava fechada e as vizinhas informaram que Lucinda estava
de férias e havia viajado com a mãe e a irmã. Não
souberam informar quando elas voltariam. O investigador foi ao hospital em que a moça trabalhava,
conversou com um atendente e teve de mostrar seu
crachá para ser atendido.

— Lucinda está de férias por trinta dias e, como
tem horas a mais trabalhadas, avisou que ia tirá-las
com as férias, não sei quando volta. Disse que ia via-
jar com a família.

— Como ela é fisicamente?

Henrique fez a pergunta porque Lucinda havia
dito na delegacia que mudaria o visual e não seria
mais morena.

— Lucinda cortou os cabelos, está com eles bem
curtos e os tingiu de louro, engordou um pouco também. Mas continua bonita.

— O senhor me faz um favor? Avise-nos quando
ela voltar ao trabalho.

— Vou pedir às colegas dela avisarem-na para,
assim que retornar, avisar a delegacia. Também ano-
tarei o recado.

Henrique agradeceu e foi embora apreensivo,
preocupado com a enfermeira.

O comandante avisou que o soldado Silva levaria doze homens que tinham o aspecto descrito pelos alunos que viram o homem rondando a escola dias antes de Raquel ser atacada, e que sete jovens tentariam reconhecê-lo.

Os jovens chegaram, alguns acompanhados dos pais. A diretora da escola também estava lá. Curiosos, os jovens, cinco meninos e duas meninas, olhavam tudo; Garcia mostrou a delegacia e respondeu perguntas.

— Tinha a impressão de que policiais eram bravos, mas vocês estão sendo tão agradáveis! — exclamou uma garota.

— Policiais são pessoas como a gente — opinou um mocinho. — Meu tio é policial, e eu gosto muito dele. Tem de ter pessoas para tudo. Com certeza, eles são gentis com pessoas corretas.

Theodoro trouxe os homens para serem reconhecidos. Eles foram colocados numa sala, um ao lado do outro. A sala tinha na porta uma grossa cortina com dois pequenos furos, pelos quais aqueles que iam reconhecer alguém e não queriam ser vistos, olhavam.

Theodoro, vestido de maneira simples, disse que ia ficar com os homens. Cada um recebeu um número, que colocou preso por alfinetes no peito.

Os jovens não podiam comentar. Olhavam bem os homens, que primeiro ficavam de frente, viravam de lado e depois ficavam de costas. Quem olhava escrevia o número no papel e entregava para Garcia. Quando acabaram, Garcia agradeceu, e os jovens com os acompanhantes foram embora conversando animadamente; para eles foi uma aventura.

Henrique abriu os papéis que estavam dobrados. Theodoro e Silva se juntaram a eles para ver o resultado. Dois votos para o número quatro, Sebastião; dois para o soldado Theodoro; dois para Samuel; e um para Charles.

— Como recebi dois votos — comentou Theodoro —, podemos deduzir que o homem que eles viram rondando a escola não era maltrapilho. Com exceção do Charles, os outros eram como eu: altos e magros. Podemos descartar o Samuel, este senhor é muito conhecido, anda pela cidade toda. Quando a sexta vítima foi assassinada, ele estava preso e, na noite em que a professora foi atacada, estava no hospital. Não sabemos muito de Sebastião, ele fala pouco e parece ter medo de policiais.

— Vou conversar com eles — disse Henrique.

O investigador entrou na sala, cumprimentou os homens e pediu:

— Senhores, queremos prender um cruel assassino! Vieram aqui, sei que forçados, para que pessoas pudessem reconhecer quem informou a polícia. Este informante viu um homem levar uma professora para os galpões. Graças a essa informação, o psicopata não a matou. Se alguém aqui foi o informante, por favor, identifique-se, não tenha medo; será muito útil, principalmente se nos disser como identificar o criminoso.

Os doze homens permaneceram em silêncio, todos atentos ao investigador, que continuou a falar.

— Por favor, vocês andam pela cidade, escutam muitos comentários... se sabem de alguma coisa, ajudem-nos.

Nada, eles nem se moviam. Henrique ficou na frente de Sebastião, encarou-o, ele abaixou a cabeça.

— O senhor não sabe de nada?

— Não, senhor, não sei mesmo — respondeu Sebastião.

Eles foram dispensados. Todos saíram rapidamente e foram embora, também saíram os soldados Theodoro e Silva.

— Vocês viram? — perguntou Marceano. — Dois dos estudantes anotaram o número de Theodoro. Estranho! Quando você, Henrique, conversava com aqueles homens e Garcia se despedia dos garotos, dos pais e da diretora, Theodoro veio até a sala e olhou sua escrivaninha. Peguei-o lendo seus papéis, e ele assustou-se comigo.

— Por que ele fez isso? — perguntou Garcia.

— Não estou falando que ele é estranho? — retrucou Marceano.

— Talvez — opinou Garcia — tenha feito por curiosidade. Ele me fez algumas perguntas, quis saber como estavam nossas investigações.

— Não gosto dele — falou Marceano. — Sinto que ele esconde algo. Por que quis ficar com os homens? Queria ser reconhecido ou confundido? Ou ficou junto para inibi-los?

— Não fale besteira, novato! Não está falando demais? — interferiu Garcia.

— Quisera eu interferir e colocar fim nessa matança! — exclamou Marceano.

— Cuidado! — falou Garcia. — Você, novato, tem o tipo do *serial killer* e também do informante: alto, magro e feio.

— Posso ser alto e magro, mas feio, não! — defendeu-se o investigador mais jovem da delegacia. — Sou, sem sombra de dúvida, o mais bonito deste lugar. Mas, responda-me: como sabe que o psicopata é feio?

— Deduzo somente — respondeu Garcia. — Todos os homens, para mim, são feios.

— Isto é preconceito: para mim, o assassino é apresentável, talvez seja até bonito — concluiu Marceano.

Voltaram aos seus afazeres.

"Será", pensou Henrique, "que Theodoro está envolvido nesses crimes? Ou olhou meus papéis somente por curiosidade? E deixei bem à vista a ficha da enfermeira Lucinda. Marceano pode ter razão, a atitude de Theodoro é suspeita".

A enfermeira

Meire mostrou a Henrique as respostas que receberam dos hospitais psiquiátricos da região e dos maiores do país.

— Resumindo para você — disse Meire —: em nenhum deles esteve em tratamento alguém que possa ser o assassino da cidade. Três médicos psiquiatras gentilmente me responderam informando sobre psicopatas. Um médico escreveu: "o psicopata é um ser impiedoso, normalmente é charmoso, é frio mentalmente, não sente medo e age". Um outro explicou: "uma pessoa doente assim é centrada no que faz, não se abala com pressão, não costuma sofrer com os erros e não permite que nada fique entre ela e seus objetivos".

O terceiro médico, além de repetir o que os outros dois citaram, disse que esse tipo de doente tem muita autoconfiança, é egoísta e amoral, ressaltando que também não sente remorso e não tem piedade. Os três profissionais da medicina escreveram que ele pode ter tido problemas por ter sido órfão de pai ou que talvez alguma órfã o tenha feito sofrer muito.

— Isso já sabíamos — lamentou Henrique. — Pelo menos eu sei que o assassino é frio, inteligente, impiedoso e calcula cada passo que dá. Se pudéssemos saber quem tem problemas com orfandade! Porém, nem todos os órfãos têm traumas. Por que será que várias pessoas passam pelas mesmas dificuldades e somente algumas ficam traumatizadas?

— Por que vocês não pedem nos jornais que se apresentem na delegacia aqueles que têm problemas com orfandade? — perguntou Marceano.

— Novato, você é desprovido de inteligência! — reclamou Henrique.

— Você acha que ele é burro para vir aqui? — indagou Meire. — Uma das características de um psicopata é inteligência e planejamento.

— Nossa, como vocês me tratam mal! — queixou Marceano. — Até você, Meire, a boazinha e educada da delegacia, está me maltratando. Ainda bem que eu não sou órfão!

— Mas pode muito bem ter sito maltratado por uma órfã! — intrometeu-se Paulo na conversa.

— Vou sair e prender algum bandido! Aqui não está nada bom! Tchau! — Marceano saiu da sala e da delegacia.

Henrique foi ficando cada vez mais nervoso. Sentia que o *serial killer* iria atacar novamente. Sua mãe tentava acalmá-lo, e ele pediu para Raquel ter paciência com ele. Como a namorada sabia que Henrique estava nervoso por causa dos crimes, ficou com muito medo e passou a dormir no mesmo quarto da mãe. Não ia a lugar nenhum sozinha, não queria sair de casa e estava apreensiva. Na escola, não ficava sozinha na sala da secretaria. O namorado ia levá-la: levantava-se mais cedo, ia de moto até a casa dela, pegava o carro, levava-a à escola, voltava, deixava o carro e ia de moto para a delegacia. O irmão de Raquel ia esperá-la no fim de seu turno de trabalho e a levava para casa.

"Sinto", pensou o filho de dona Isaura, "que esse doente está para atacar novamente. Mas quem? Será que poderei defender minha namorada? Não quero nem pensar que Raquel pode morrer. Se ela morrer, sofrerei muito. Mas não é assim que as famílias das vítimas se sentem? Sofrem muito. O fato é que estou com medo. Receio que ele possa matar Raquel ou alguma outra moça. Não posso aceitar o que o comandante disse: 'Que em um desses crimes ele falhará e aí o prenderemos'. Mas, ele não falha e já matou muitas. Preciso vigiar Raquel. Não quero que ele mate-a, nem ninguém".

Quando sentia alguém perto dele, não via ninguém e escutava as vozes, ficava mais inquieto e nervoso. E essa sensação de ser vigiado e escutar vozes estava se intensificando. Estava fazendo um relatório quando escutou:

"Você não faz nada mesmo! Trabalhe! Está esperando o quê? Que ele mate outra moça? Vá atrás!"

— Vou atrás, como? Onde?

— Hum! — exclamou Meire. — Você está falando muito sozinho. Cuidado! Pare com isso! Se continuar assim, não teremos somente um louco, mas dois.

Ele não respondeu, apenas resolveu se esforçar para não falar, não responder às vozes. Mas, no outro dia, ao responder à voz, Nicolau, um colega, se ofendeu:

— Não me xingue! O que eu fiz para você?

— Não o estou xingando — respondeu Henrique.

— Como não? — Nicolau indignou-se. — Estamos somente nós dois aqui na sala e você olha para a parede e diz: "Incompetente é você!", "Vá amolar outro!" etc.

— Estava falando comigo mesmo.

— Cuidado, isto não é normal. Estou esperando suas desculpas.

— Desculpe-me, Nicolau, realmente não o estava xingando. Não me conformo por não conseguir prender o *serial killer*. Estou me sentindo um incompetente.

— Quem sabe ele não para sozinho? — opinou Nicolau. — Talvez sofra um infarto e morra, e nós não ficaremos sabendo quem era ele. Ou talvez mude de cidade e dê trabalho a outros colegas distantes.

Henrique ficou muito chateado.

"As vozes estão me deixando louco", pensou. "O que não posso é responder."

Estava com o sono muito agitado, os pesadelos eram constantes e não conseguia lembrar o que sonhava. Acordava, às vezes, falando; outras gritando, suado. Não descansava e acordava cansado. Uma noite acordou na cozinha.

"Meu Deus!", pensou ele. "Estou levantando dormindo!"

E quanto mais se preocupava com o sono e os pesadelos, mais se agitava. Sua mãe, preocupada, queria que ele fosse consultar um médico, mas ele relutava.

"A que médico ir?", pensou ele. "O que falarei a ele? Com certeza me receitará calmantes ou me afastará do trabalho: duas coisas que não quero."

— Mamãe — disse Henrique —, depois que resolver esse caso vou ao médico. Estou assim porque não quero que o psicopata mate mais ninguém e sinto que ele está para atacar novamente. Não sei o que fazer, por isso estou nervoso.

— Nervoso não resolve nada. Fique calmo! — pediu dona Isaura.

Henrique tentava, mas era difícil. Estava muito apreensivo, sentia que receberia logo a notícia de que outra jovem fora morta.

Naquele dia estava pior, mais inquieto e nervoso. A sensação de que ia acontecer algo grave era muito forte. Desesperou-se por não saber o que era e, pior, por não estar fazendo nada.

"Aja, homem!", escutou a voz. *"Está esperando outra inocente ser assassinada? Corra!"*

Henrique sentiu vontade de correr. Sair pelas ruas correndo e gritando. Tomou um comprimido para dor de cabeça, café, não parava em lugar nenhum, levantava-se e sentava-se. Sua atitude foi notada por todos. Meire o aconselhou:

— Colega, vá para casa descansar. Você não parece bem.

— Aqui hoje está tranquilo, vou aproveitar e ir para casa. De fato, não estou nada bem.

Henrique foi para sua casa, sua mãe não estava, havia saído. Deitou-se. Dormiu logo e teve outro sono agitado. Sonhou que lutava com alguém, tentava enforcar uma pessoa e acordou assustado, com o telefone tocando. Era da delegacia, Meire.

— Como demorou a atender! — queixou-se ela.

— Venha para cá, e rápido, ou melhor, vá para o hospital municipal. Houve um crime lá, e tudo indica que é do *serial killer*.

Henrique estava molhado de suor. Não quis tomar banho para não perder tempo, trocou somente de roupa. Pegou sua moto e rumou para o hospital.

"A enfermeira!", pensou ele apavorado. "Meu Deus! Com certeza a morta deve ser Lucinda. Será que ela voltou da viagem, das férias, e não atendeu meu pedido de nos informar ou não lhe deram o recado?"

Encontrou muitos colegas no hospital, as polícias militar e civil. O comandante dava entrevista. Garcia puxou-o para que ele o acompanhasse, e Henrique seguiu o colega pelos corredores.

— A enfermeira se chamava Lucinda, é aquela jovem que pediu proteção na delegacia. Voltou das férias e retornou hoje ao trabalho. Venha vê-la. Já foi tudo fotografado. E, como sempre, nada encontrado.

Entraram num quarto.

— Este quarto não tinha paciente, estava vazio. Estamos investigando o que ela veio fazer aqui. As colegas disseram que Lucinda voltou das férias entusiasmada. Tomava um cafezinho, quando o telefone tocou e foi ela mesma quem atendeu. Falou somente: "Certo, tchau". Saiu da sala e, como não apareceu para ajudar nos curativos, a procuraram e não a encontraram. Foi a faxineira quem achou o corpo. Morreu há duas horas. Foi estrangulada como as outras e estuprada. Ela estava loura, cortou os cabelos curtinhos e os tingiu; fez isso depois da tentativa de assassinato de Raquel. Veja o que ele fez: colocou a blusa que ela usava na sua cabeça, como se escondesse os cabelos.

— Estou com vontade de chorar — lamentou Henrique. — Mais uma morta! Mais uma jovem inocente que morre por ser órfã de pai. Que horror!

"Não era para eu me sentir", pensou Henrique, "aliviado, mas estou, por ele não ter atacado novamente Raquel. Não quero sentir isso, mas estou odiando-o".

Ele conversou com as colegas da moça, com o pessoal do hospital, ninguém viu nada suspeito. A morte ocorreu no horário de visita, e muitas pessoas entraram no prédio. Garcia e ele foram falar com o atendente que estava na portaria.

— Você viu um homem alto, de aproximadamente um metro e oitenta centímetros de altura, entrando no hospital? — perguntou Henrique.

— Pelo menos uns dez! — respondeu o funcionário. — Talvez uns sete, não sei. Não presto muito atenção. Fico aqui oito horas diárias e, no horário de visitas, atendo pessoas, e vários visitantes passam sem falar comigo.

— Por favor, tente se lembrar, é importante — pediu Garcia.

— Vou tentar. Se lembrar, procuro vocês — prometeu o atendente.

Os dois ficaram andando pelo hospital, conversaram com muitas pessoas, indagaram funcionários, doentes... e nada. O soldado Silva informou-os:

— Um taxista disse ter visto um andarilho, alto, magro, não estava maltrapilho, andando pela frente do hospital hoje pela manhã; e um outro taxista afirmou que o viu, parece ser o mesmo homem, à tarde. Disseram que ele estava vestido com calça escura, talvez azul-marinho, e uma camiseta de mangas longas cinza-escuro. Chamou-lhes atenção porque o homem olhava atentamente a todos os que entravam no hospital. Já demos o alerta, todas as viaturas vão procurá-lo.

"Será o informante ou o assassino? O que este homem quer?", pensou Henrique.

Um médico e uma psicóloga foram avisar a mãe de Lucinda. O corpo foi liberado. Henrique afastou-se, Garcia o acompanhou e foram para um pequeno pátio interno, onde o filho de dona Isaura enxugou as lágrimas que escorriam pelo seu rosto. Sofria por imaginar a dor da mãe e da irmã da jovem enfermeira. Garcia tentou consolá-lo.

— Calma, colega, não é culpa nossa!

— Tenho consciência de que estamos fazendo de tudo para parar esses crimes! Mas o tudo não está sendo suficiente. Como pode? Que impiedade é essa?

Garcia suspirou, o colega viu que ele estava com a mão esquerda machucada e perguntou:

— Onde machucou?

— Em casa, ao abrir uma garrafa — respondeu Garcia.

— Parece arranhado — comentou Henrique.

— Foi vidro!

Passaram por eles duas enfermeiras chorando e uma delas comentou:

— Que sofrimento para uma mãe! Ela é viúva, tinha duas filhas, e a mais velha, uma jovem batalhadora, dedicada ao trabalho, é morta assim! Lucinda se preocupava tanto com a irmã! Voltou das férias tão feliz! Que assassino cruel!

— É um demônio reencarnado! — exclamou a outra.

— Sabe, Garcia, por que estou chorando? — perguntou Henrique.

— Pelo fracasso?

— Não, sinto pena dessa família. Conversei com as mães dessas jovens assassinadas, vi e entendi o tanto que elas sofreram e ainda sofrem. E agora mais uma. Não vou conversar com essa senhora. Com toda certeza ela não vai acrescentar nada.

O delegado aproximou-se deles, e Garcia comentou baixinho só para o colega escutar:

— Está chegando agora...

— Conseguiram apurar alguma coisa que nos interesse? — perguntou o delegado.

— Nada — respondeu Garcia. — O crime ocorreu no horário de visitas, e ninguém viu nada de diferente. Ele a matou como as outras; só que, como Lucinda estava loura, ele colocou uma blusa em sua cabeça, como se quisesse esconder seus cabelos. Ela foi encontrada num quarto que não estava ocupado. Penso que a jovem enfermeira não sabia que não tinha paciente nele, porque voltara ao trabalho hoje, depois das férias. As colegas disseram que ela atendeu ao telefone e se afastou. Não tem como saber quem foi ou de onde partiu o telefonema, pois a ligação foi interna.

Os dois notaram que o delegado estava nervoso, mas nada comentaram. Um grupo de uns dez funcionários do hospital se reuniu no pátio, que possuía um pequeno jardim, para orar pela colega. Henrique se juntou a eles; o delegado e Garcia ficaram olhando e depois se afastaram.

— Vamos — disse a enfermeira — orar, pedir a Deus proteção neste momento difícil, rogar auxílio para Lucinda, que os bons anjos a levem para o céu e que Nossa Senhora, Maria, mãe de Jesus, ampare a mãezinha e a irmã dela.

— E que o assassino seja preso! — intrometeu-se Henrique.

Oraram três Ave-Maria e dois Pai-Nosso, e o grupo se desfez.

Henrique ficou andando pelo hospital, tentou escutar conversas, fez perguntas, e uma enfermeira, amiga de Lucinda, lhe contou:

— Lucinda estava feliz: disse que na viagem havia conhecido um moço lindo, educado e estava namorando.

— Não comentou nada dos assassinatos?

— Comigo não — respondeu a moça. — Penso que, ao cortar e tingir os cabelos, Lucinda se despreocupou, achava que não corria perigo porque não havia participado do concurso. Demos o recado a ela, que era para informar sua volta à delegacia, mas minha amiga disse que não atenderia ao recado, que se arrependera de ter ido à polícia pedir proteção, que não iria mais lá e afirmou: "Não quero pensar ou falar mais disso".

"Mas pediu", pensou Henrique, "proteção na delegacia! Meu Deus! Será que ele soube que a enfermeira era órfã por isso?".

Não tinha mais o que fazer no hospital, foi para a delegacia.

Desconfianças

Henrique entrou na delegacia calado, não cumprimentou ninguém. A maioria dos colegas não estava lá. Sentou-se na cadeira em frente à sua escrivaninha e ficou cabisbaixo, pensativo. Estava muito aborrecido e triste.

"Até as vozes se calaram", pensou ele. "Até elas devem estar se sentindo incompetentes e tristes. Concluo que os espíritos desencarnados não conseguem impedir os atos de encarnados. Com certeza o grupo chefiado pelo Mário está se sentindo como eu, um lixo. Como conter esse criminoso? Por que ele consegue matar assim? Vou raciocinar friamente. Vou escrever numa folha de meu bloco de anotações minhas conclusões."

"Primeiro, ele não deixa pistas. Estou concluindo que deve ser mesmo alguém acostumado a analisá-las. Será alguém da polícia?"

"Segundo, escutei que às vezes se procura no difícil, esquecendo-se do fácil. Conclusão: está na cara e não enxerga. Novamente penso que pode ser alguém perto. Um policial?"

"Terceiro, ficou fácil, pelo concurso, saber quem era órfã paterna. A enfermeira não participou. Veio aqui à delegacia pedir proteção. Veio ao local errado? Seria o último lugar onde deveria ir? Aqui todos ficaram sabendo que Lucinda era órfã, houve comentários, a ficha dela ficou conosco, depois comigo. O soldado Theodoro ficou olhando minha escrivaninha naquele dia, e a ficha dela estava bem à vista. Vou investigá-lo. Infelizmente, vou investigar todos. Garcia machucou a mão, o delegado chegou mais tarde ao local do crime. Vou verificar o que cada um fazia no horário em que a moça foi assassinada."

"Quarto, não posso esquecer que um homem foi visto na frente do hospital. Pela descrição, pode ser qualquer um disfarçado. Será esse homem o assassino? Ou o informante? Mas, se for o informante, por que não nos alertou desta vez? Policiais trabalham nas ruas e podem ir a muitos lugares. Seria o *serial killer* que esperava o horário propício para atacar? Será que ele deixaria essa pista? Sendo assim, seria o informante ou alguém que nada tem a ver com o caso?"

"Quinto, não posso esquecer que Lucinda foi a um quarto que estava desocupado. Foi para lá depois de um telefonema. Como ele, o assassino, sabia estar vazio? Responderia fácil se fosse um crime isolado: algum colega de trabalho. Porém, os outros assassinatos não têm relação com hospitais. Concluo que alguém foi anteriormente ao local. Talvez no mesmo dia, mais cedo, tenha visto o quarto vazio. Isso leva a pensar novamente no andarilho que estava na frente do prédio. Vigiava o criminoso ou ele é o próprio?"

"Sexto, é fácil telefonar. Dentro do prédio, bastaria procurar Lucinda e, ao saber onde estava, telefonar. Usou de um telefonema interno. Isto, pelo que verifiquei, não é difícil. São muitos os aparelhos telefônicos espalhados pelo prédio e, no horário de visita, tem sempre muitas pessoas andando pelos corredores. Concluo: ele conhecia os ramais. Novamente posso pensar que é alguém próximo de Lucinda. Mas ele pode ter ido antes ao hospital e decorado os ramais. Planejou tudo muito bem. Está ficando perito nos detalhes."

"Sétimo, ele foi antes ao prédio hospitalar, verificou tudo e voltou à tarde. Talvez tenha ficado perto de onde Lucinda estava; ao vê-la tomando café, ligou.

Teve sorte. Ela atendeu. Se não fosse ela quem tivesse atendido, talvez mandasse chamá-la. Ele sabe disfarçar a voz. Com certeza, se passou por um médico ou enfermeiro e pediu para a jovem enfermeira ir ao quarto. Rapidamente, chegou primeiro e a esperou."

"Oitavo, realmente é alguém inteligente, que planeja tudo detalhadamente."

"Nono, deve ser alguém da polícia! Sendo assim, terei de ser cauteloso, e muito."

Marceano aproximou-se, observou o colega e falou sério, o que era difícil, pois ele estava sempre alegre.

— Sei que você está aborrecido. Penso que todos estamos. Até minha mãe me pediu para ajudar a prender esse monstro. Não fique assim arrasado, isso não resolve.

— O que você, novato, pensa desses crimes? — perguntou Henrique.

— Que matou mais uma! Não sei bem o que pensar. O fato concreto é que ele está ganhando de nós. Um contra nós todos, e leva vantagem.

— Onde você estava quando ocorreu o crime? — quis Henrique saber.

— Na delegacia! Meire e eu. Quando recebemos a notícia, Meire telefonou para você e nós continuamos aqui.

Henrique escreveu num papel: "Marceano na delegacia. Meire na delegacia".

— O que está fazendo? Vai nos investigar?

— Acha errado?

— Não — respondeu Marceano. — Com todos estes acontecimentos, tudo deve ser visto e revisto. Desconfia de nós por causa da ficha da moça? Ela pediu proteção por ser órfã. Lembro-o, veterano, que, embora seja novato, sou inteligente e o alerto: cuidado! Você pode ofender colegas ou alertar o criminoso. Somos muitos, e ele é somente um. E um entre muitos pode confundir tudo. Depois, ninguém é órfão em segredo. Muitas pessoas deveriam saber que a enfermeira era órfã. Você quer saber minha opinião?

Se fosse em outra ocasião, com certeza Henrique diria "não", mas olhou para Marceano, que continuava sério, e pediu:

— Por favor, fale!

Também, se fosse em época tranquila, o jovem novato teria respondido rindo e falado alguma gracinha, mas não o fez.

— Desta vez, pode ser alguém imitando o *serial killer*. Pode ter sido alguém do hospital que imitou o assassino. Porque, se foi ele, superou-se.

— Você o admira?

— E você não? — perguntou Marceano. — Não admiro a maldade, mas a inteligência. Nunca pensei, quando almejava ser policial, que iria enfrentar fracassos. Sempre fui inteligente, aprendia tudo com facilidade. Um inteligente reconhece outro.

Marceano foi atender uma pessoa, e Henrique pensou no que o colega lhe falou e escreveu na folha de papel:

"Décimo, será que pode ter sido alguém imitando o *serial killer*? Alguém que trabalhava com Lucinda? Recuso-me a acreditar nisto. Sinto que foi ele."

Meire se aproximou de Henrique.

— Você está arrasado!

— Sim, estou, e muito triste. Penso no sofrimento dessa mãe e da irmã. Estou me sentindo muito mal, não física, mas moralmente.

— Até parece que sente culpa! — exclamou Meire.

— E não é para sentir? Você não se sente incompetente?

— No nosso trabalho nem sempre saímos vitoriosos. Neste caso, não seremos nem quando o prendermos, isso porque ele já matou muitas. Sinto-me culpada. Sentimo-nos assim por não conseguirmos prendê-lo.

— Meire, onde estava quando ocorreu o crime?

— Aqui na delegacia. Recebi a notícia, liguei para você e continuei aqui.

— Você e Marceano?

— Sim.

— Quando recebeu a notícia, fazia quase duas horas que o crime tinha ocorrido. Você tem certeza de que estavam aqui os dois? Pense e me responda, por favor.

— Eu estava. Penso que Marceano também. Embora não possa afirmar. Se ele saiu, foi rápido, porque estávamos de plantão.

— Então, não ficaram juntos o tempo todo?

— E por acaso teríamos de ficar? Qual é a sua? — perguntou Meire aborrecida.

— Lucinda, a moça morta hoje, veio aqui pedir proteção.

— Sei disso. E o que tem esse fato? Por acaso está pensando que pode ser algum policial?

— Pense comigo — pediu Henrique —: o sujeito não erra, não deixa pistas... O fato de não deixá-las já não é uma pista?

— Cuidado com o que faz! Se quer investigar, é melhor ser cauteloso e não falar.

Henrique observou a colega e pensou:

"Meire é diferente das outras mulheres que conheço. Alguns colegas nossos já cogitaram a possibilidade de ela ser lésbica, porém ela é casada, seu marido é muito estranho, e ela não tem filhos."

Meire sentiu-se observada, aborreceu-se e falou séria:

— O que está pensando? Que sou homem vestido de mulher e sou o assassino? Quer que lhe prove? Fiz exames médicos para entrar na polícia e sem roupa. Depois, meu caro, sou mais baixa e mais gorda. Acorde!

Saiu da sala ofendida. Henrique destacou do bloco a folha com suas anotações, escreveu todos os nomes de seus supostos suspeitos e completou no de Marceano: "pode ter saído da delegacia".

Henrique saiu, foi à sede da polícia militar. Procurou pelo soldado Silva.

— Você esteve no hospital? — indagou Henrique.

— Primeiro, boa tarde para você também. Não fui, fiquei aqui no plantão.

— O que você pensa de mais um crime?

— Sempre houve crimes. Nossa função é pegar os criminosos — respondeu Silva, demonstrando não estar gostando da conversa.

— Ficou aqui a tarde toda?

— Estou enganado ou você está me interrogando? Não estou gostando disto. Se quer nos interrogar, converse primeiro com o comandante.

— Então você ficou aqui a tarde toda?

— Fiquei e tenho como provar.

— E o soldado Theodoro? Onde está? Gostaria de falar com ele.

— Daqui a meia hora eu saio e ele chega. Se quiser vê-lo, espere — respondeu o soldado Silva.

O comandante chegou, estava nervoso e, ao ver Henrique, cumprimentou-o e perguntou:

— O que faz aqui?

— Vim ver se vocês descobriram alguma coisa.

— Nada! Estou com vontade de xingar! Os jornalistas acabaram comigo, e eu tive de ser educado.

Entrou na sua sala e fechou a porta.

— Henrique! O que faz aqui?

O investigador assustou-se, não tinha percebido que o tenente Hipólito estava na sala.

— O quê? — insistiu o tenente, aproximando-se.

— Vim aqui ver como estão todos.

— Mal, por causa desse crime! — exclamou Hipólito.

Henrique percebeu que ele estava nervoso pelas respostas.

— Veio com o comandante?

— Sim, vim — respondeu o tenente. — O comandante está nervoso. Ele foi o primeiro a chegar no hospital quando nos chamaram.

— E você, Hipólito, onde estava quando ocorreu o crime?

— Eu? — o tenente assustou-se com a pergunta. — Em casa. Hoje era minha folga. Estava com Maura. Quer perguntar a ela? O que está ocorrendo?

— Nada! — respondeu Henrique. — Perguntei por perguntar. Vai ficar aqui?

— Vou, talvez possa ser útil. Com o comandante nervoso, assumo. Vou trabalhar. Você vai ficar mais tempo aqui?

— Não, vou somente conversar com o soldado Theodoro. Aí está ele. Até logo!

Henrique aproximou-se do soldado Theodoro, que chegara para trabalhar. Desta vez, cumprimentou-o e, em seguida, perguntou:

— Onde você estava à tarde?

— Como? — indagou o soldado. — Você quer saber onde eu estava? Pode ter certeza de que não estava com sua noiva. O que está acontecendo, investigador?

— Desculpe-me — pediu Henrique. — Quero conversar. Você está sabendo que mataram mais uma moça órfã?

— Não! Meu Deus! Barbaridade! Mas por que você quer saber onde eu estava?

— Porque a moça que morreu hoje foi à delegacia pedir proteção, e, na última vez que você foi lá, olhou minha escrivaninha, e a ficha dela estava bem em cima. Depois, dois jovens o reconheceram como o homem que rondou a escola.

— Olhei sua escrivaninha por curiosidade — defendeu-se o soldado Theodoro. — Não mexi em nada. Errei ao fazer, naquele dia, parte do grupo. Sou honesto, não sou assassino, nem informante. Para tranquilizá-lo, vou lhe responder: não sabia desse assassinato, não fui ao hospital e estive jogando bola perto de minha casa.

— Se você não sabia do crime, como sabia que foi no hospital?

— Não sei! — exclamou o soldado Theodoro nervoso. — Deduzi, você falou. Não amole! Quer me interrogar? Marque com o comandante — abalado, saiu da sala.

Tenente Hipólito aproximou-se, assustando novamente Henrique, que pensava que ele havia saído da sala.

— Calma, amigo! — pediu o tenente. — O que é? Está desconfiando de todos?

— Sim — respondeu Henrique com sinceridade. — Todos para mim são suspeitos. E o soldado Theodoro está incluído. Vou agora checar o que ele me disse. Posso olhar na ficha dele para saber onde ele mora?

— Mostro a você.

Tenente Hipólito abriu um armário e deu a ficha do soldado Theodoro para o investigador, que leu e decorou o endereço.

— Obrigado! — Henrique agradeceu.

— Discordo de você. Para mim, não é ninguém da polícia. Existem pessoas inteligentes fora dela, sabia? Vou ficar de olho em Theodoro. Se eu vir algo anormal, troco ideia com você.

Henrique se despediu e saiu, foi direto ao endereço do soldado Theodoro. Viu a casa em que ele morava com a família, mulher e dois filhos, e, na frente, um campinho onde alguns jovens jogavam bola. Indagou ao grupo:

— Por favor, sou da polícia civil e estou procurando meu colega, o soldado Theodoro. Sabem onde posso encontrá-lo? Não está jogando bola? Jogou hoje?

Obteve muitas respostas. Todos disseram que ele havia jogado bola à tarde. Mas, no horário da morte da enfermeira, ele não estava, havia chegado depois. Uns afirmaram que, antes, ele havia estado em casa; outros, que não sabiam onde ele estivera. O investigador também perguntou ao proprietário do bar, perto do campinho, que lhe disse a mesma coisa e mais: o soldado Theodoro não tinha carro ou moto, somente uma velha bicicleta, e ia e voltava do trabalho de ônibus.

Henrique escreveu na frente do nome do soldado Theodoro: "Muito suspeito". Se não sabia do crime, como falou em "hospital"? Ficou nervoso. Porém, jogou bola depois que a enfermeira havia morrido. Mora longe e não tem nenhum veículo. O dono do bar disse que ele não sabe dirigir, então não pediu nenhum carro emprestado. Se tivesse usado um táxi, teria sido visto. A não ser que o veículo não tenha parado perto do campo. Mas, mesmo de táxi, não teria chegado tão rápido.

Voltou à delegacia e ficou somente observando os colegas. Mas, no outro dia, perguntou a Paulo.

— Ontem foi sua folga. Onde esteve?

— Fui ver Paulinho na clínica.

— E viu? Como ele está?

— Acabei não chegando — respondeu Paulo. — Percorri somente dez quilômetros de estrada, e o carro quebrou. Eu mesmo consertei e, quando ficou pronto, achei que ficaria tarde para ir à clínica e voltei.

— Você, na sua folga — disse Henrique —, planeja visitar seu filho; vai, e o carro quebra no caminho; você conserta e volta. Se precisasse de um álibi, não teria.

— Não estou entendendo! — exclamou Paulo. — Que álibi?

— Você sabe que mataram a enfermeira ontem, não sabe?

— Claro que sei! Mas o que tem isso a ver comigo?

— Talvez nada. Mas, se você fosse acusado, não teria álibi.

Paulo pegou Henrique pelo colarinho de sua camisa. Meire entrou no meio.

— Calma, colegas! Não ajam como novatos! Vocês são amigos! Paulo, ele está nos investigando. Como a enfermeira Lucinda veio aqui pedir proteção, ele está pensando que pode ser um de nós.

— Sou sincero e honesto! — exclamou Henrique. — É isso mesmo! Poderia fazer as investigações na surdina, mas prefiro ser autêntico. Estou concluindo que pode ser algum policial. Sabemos que não é a primeira vez que isso acontece. Policial é um ser humano como qualquer outro. E vou continuar investigando todos vocês. Quem não é culpado não teme.

— Está bem — falou Paulo. — Pode me investigar. Mas que é um absurdo, isso é! Vou ver se encontro alguém que tenha me visto na estrada consertando o carro.

O delegado abriu a porta de sua sala quando a discussão começou e não disse nada. Quando se calaram, ele fechou novamente a porta. Henrique escreveu em frente ao nome de Paulo "suspeito" e explicou o porquê: "Não tem como provar onde estava".

Garcia estava calado, e o investigador do caso indagou-o.

— E você, colega?

— Não deveria responder a nada — disse Garcia. — Porém vou falar: fazia ronda quando escutei pelo rádio que haviam encontrado a enfermeira morta e fui para ao hospital. Trabalhava na rua.

— Com quem estava?

— Fazia a ronda sozinho — respondeu Garcia e, ao ver a expressão de Henrique, completou: — Se você quiser, faço um relatório.

— Quero — determinou Henrique. — Coloque, por favor, quem pode tê-lo visto e onde passou. Se todos fizerem um relatório, ficará mais fácil para mim.

— Não estou acreditando no que estou ouvindo!

Garcia exclamou tão alto que o delegado abriu a porta novamente e, desta vez, interferiu:

— Mas, o que está acontecendo?

— É melhor que o senhor saiba — respondeu Henrique. — Estou investigando todos os policiais. E também quero saber: onde o senhor estava ontem à tarde? Não estava aqui nem com nenhum policial, chegou mais tarde ao hospital...

— Calma, colega! Não se exceda! — pediu Marceano.

— O que pode ofender numa investigação? Tenho motivos para concluir que pode ser alguém entre nós que tem matado as moças.

— Venha à minha sala! — pediu o delegado.

Os dois entraram na sala, o delegado fechou a porta.

— Sente-se aqui. Vou ligar o ventilador para abafar nossa conversa, isso para ninguém escutar, e vamos falar baixo. Você desconfia de mim?

— Por enquanto, de todos — respondeu Henrique. — Desculpe-me, mas do senhor também. Em dois ataques, não foi encontrado, estava com o rádio desligado; e, em uma das vezes, estava com a mão machucada.

— Não é somente você quem desconfia que o *serial killer* possa ser alguém da polícia. Ontem, depois que você saiu, Meire e eu cogitamos sobre isso. Já desconfiava e, agora, depois da morte dessa jovem enfermeira, infelizmente tenho quase certeza. Você, sendo direto assim, não está agindo corretamente. Cuidado! Pode alertar o assassino e correr perigo.

Henrique observou o chefe e notou-o preocupado.

"O que ele falou é realmente um alerta ou uma ameaça?", pensou, indagando a si mesmo.

— Se o senhor pensa isso, não se importará em me responder algumas perguntas, não é? Para começar, onde o senhor estava ontem à tarde? Por que não respondeu ao rádio? Por que chegou atrasado ao hospital?

— Não cheguei — afirmou o delegado — atrasado a lugar nenhum, já que não marquei um encontro. Conhecendo-o como eu o conheço, sei que, de qualquer jeito, você vai descobrir. Sendo assim, vou lhe contar, mas, antes, quero sua palavra de que não irá comentar.

— Não posso fazer isso. Prometo escutá-lo e depois pensar. E, tem razão, se não falar, vou descobrir.

— Tenho uma amante — disse o delegado. — Amo-a muito. Casei, infelizmente, por interesse. Você sabe que minha esposa é filha de uma pessoa importante que me auxiliou na carreira e continuará me ajudando. Gosto de minha mulher e muito dos meus filhos. Conheci outra pessoa, que também é casada, e com uma pessoa muito conhecida. Encontramo-nos quando conseguimos. Nosso caso amoroso já foi longe demais. Estou arrasado e triste. Sabe por quê? Terminamos hoje pela manhã. Já esperava, pela sua conclusão, que o criminoso é alguém entre nós. O comandante também desconfia, ele me observa de perto. Não precisa me investigar, de agora em diante vou me dedicar mais à profissão.

Henrique escutou calado e observou seu chefe novamente, deixando-o nervoso.

"A amante dele deve ser a esposa do comandante, que é muito bonita", pensou ele.

— Não sei o que está passando pela sua mente — falou o chefe da delegacia. — Mas, se está pensando que é Cléa, a esposa do comandante, errou. Cléa é muito honesta e apaixonada pelo marido. Pergunto a você: vai me investigar?

— Vou! — afirmou Henrique. — Checarei tudo o que me contou.

— É a esposa do prefeito a mulher que amo.

"Mas ela nem é bonita!", pensou o investigador admirado. "Estou lembrando agora que já vi os dois se olhando em festividades, e ela já veio aqui algumas vezes com desculpas de festas e trabalhos. A paixão costuma mesmo fazer estragos."

— Se essa história vier a público, o senhor estará perdido. Será um escândalo!

— A família de minha esposa não me perdoaria e, se houver uma separação, terei de dar adeus à minha carreira; irei, com certeza, para uma cidadezinha bem longe. Por tudo isso eu lhe peço, guarde meu segredo.

— Dou minha palavra!

— Obrigado!

Henrique saiu da sala, foi para sua escrivaninha, tirou o papel do bolso de sua camisa e escreveu em frente ao nome do delegado: "Muito suspeito".

"Talvez seja até verdade, o delegado ter uma amante, porém isso não confirma se ele estava com ela quando os crimes ocorreram. Foi fácil demais ele me contar e pedir que não o investigue."

Henrique perguntou a todos na delegacia onde estavam na tarde anterior, anotou dados e não encontrou na polícia civil nenhum outro suspeito, por isso voltou à sede da polícia militar. O comandante o tratou com grosseria.

— Investigador, pode checar onde eu estava quando ocorreram esses assassinatos. Para facilitar, escrevi aqui nesta ficha o que fazia e com quem estava. Vá com cuidado, rapaz! Mas, para não dizer que atrapalho sua investigação, pode investigar quem quiser aqui dentro.

Henrique pegou a ficha que o comandante lhe havia dado e leu. De fato, o comandante tinha álibis perfeitos, perfeitos demais. Por isso ele escreveu em frente de seu nome: "Suspeito, mas nem tanto". Depois riscou o "nem tanto" ao pensar na facilidade se seus álibis.

"Será que o conselho dele para ter cuidado foi uma ameaça ou realmente para eu ter cautela?", pensou, preocupado.

Conversou com muitos, tentou que um falasse do outro, mas nada obteve de concreto. Os suspeitos continuavam os mesmos.

— Por que você não checa se eu estava antes do jogo em casa? — perguntou o soldado Theodoro.

Henrique não respondeu e pensou:

"Deveria ter feito isso naquela tarde, agora ele já deve ter instruído a esposa a mentir, isto se ele não estava em casa."

Tenente Hipólito falou com ele.

— Colega, você está deixando todos incomodados com suas investigações. Isso não é nada bom. O clima no trabalho não está legal.

— O que você pensa sobre isso? Estou errado?

— Ora penso que sim; ora, que não — respondeu tenente Hipólito.

— Como assim?

— Às vezes — respondeu o tenente —, penso que você tem razão, que pode ser alguém da polícia; às vezes acho impossível. Tenho observado o pessoal e não vejo ninguém suspeito. Você sabe que eu gosto dos meus rapazes. São gente boa!

— Também gosto de todos, mas um deles deve ser o culpado.

— E se não for?

— Terei um enorme prazer em me desculpar.

— Não se esqueça — falou o tenente — de que a enfermeira era conhecida, e muitos deviam saber que era órfã.

— Tenho de pensar em todos os crimes, analisar tudo.

— Você não quer que eu o ajude a analisar seus suspeitos?

— Desculpe-me — pediu Henrique —, tenho de recusar. Não quero que ninguém saiba nem de quem suspeito.

— E se você morrer?

— Aí alguém saberá.

— Este alguém com certeza não sou eu — queixou-se o tenente.

— Infelizmente, não!

— Estou entre os suspeitos? — Hipólito quis saber.

— Está.

— Por quê?

— O aspecto físico das vítimas é parecido com o de Maura, você estava de folga no dia em que a enfermeira foi morta, e seu álibi é sua esposa.

Hipólito sorriu e, alegando trabalho, deixou Henrique sozinho, que escreveu na frente do nome dele: "Suspeito".

Como não chegou a nenhuma conclusão, começou a ficar nervoso. Tinha muitos suspeitos, e todos eles eram altos, aproximadamente entre um metro e setenta e cinco e um metro e oitenta e cinco centímetros, e os que não eram magros eram robustos, mas nenhum era gordo.

O homem que poderia ter estado na frente do hospital no dia da morte da enfermeira não foi encontrado. Sebastião, o andarilho que dois jovens julgaram ser o homem que rondou a escola, desapareceu. Seus amigos disseram que ele mudou de cidade.

Foram muitas as vezes em que Henrique voltou ao hospital e indagou muito, conversou com quase todos os funcionários e, por isto, teve a certeza de que ninguém, além dele, havia perguntado de Lucinda.

Conversou também com os vizinhos dela, ninguém perguntou da família; novamente, somente ele.

Meire visitou a mãe de Lucinda, e ela não viu nada que pudesse ajudar nas investigações.

Não escutou mais as vozes e começou a ficar desesperado.

O atentado

Um mês se passou e nenhuma novidade. Henrique não escutou mais vozes, porém continuou inquieto e muito atento. Com as desconfianças surgidas, o clima no trabalho não estava bom. Não era somente ele que desconfiava de que poderia ser alguém da polícia; os outros, embora preferissem não querer que fosse um colega, também pensavam que poderia ser. Eram muitas as evidências. E todos se indagavam: "Quem?". Parecia que um vigiava o outro. Não houve mais festas e não conversavam mais como antes, não falavam de assuntos particulares e somente comentavam sobre trabalho.

Meire foi novamente visitar a família da enfermeira e voltou arrasada. Aproveitou que estavam muitos dos colegas na sala para contar.

— É muito sofrimento! A irmãzinha dela, embora tenha dezoito anos, é uma criança: chora, quer, pede a irmã. A mãe está desnorteada. Pelo que entendi, era Lucinda que cuidava de tudo. Esse assassino é um miserável! Impiedoso! Henrique, eu lhe peço: prenda-o ou mate-o!

— É o que mais quero! — exclamou o investigador. — Mas como?

— Nunca matei ninguém — disse Meire. — Mas esse monstro eu mataria sem remorso. Se pudesse confiar em alguém aqui, tentaria lhe fazer uma armadilha.

Todos olharam sério para ela. Infelizmente, uns suspeitavam dos outros.

"Quem, meu Deus? Quem da polícia é o assassino?", indagava Henrique a si mesmo. "Paulo não conseguiu provar o que disse que havia feito, ninguém o viu na estrada consertando o carro. Garcia também disse que havia estado sozinho na viatura, mas ninguém lembrou tê-lo visto. O delegado, nos últimos dias, estava ficando mais na delegacia e trabalhando muito, embora estivesse triste e pensativo: também não provou onde estava e se realmente esteve com a amante. Marceano poderia ter saído da delegacia, ido ao hospital e voltado, sem que Meire percebesse. Meire? Somente se salva por não ter o tipo físico do assassino, mas o marido se encaixa no perfil e é muito estranho, além de trabalhar em casa e ficar muito sozinho. Na polícia militar, tem o soldado Silva e, o mais suspeito, Theodoro. O tenente Hipólito estava de folga e não tive coragem de confirmar com Maura se o marido estava em casa. E Hipólito gosta de mulheres com a aparência das moças que foram mortas, mas eu também gosto. O comandante está na minha lista. Sempre é o primeiro a chegar ao local do crime, sua esposa é muito bonita, mas todos sabem que eles não se dão bem. O chefe da polícia militar é muito estranho, gosta de observar todos e fica sempre nervoso. Será que é alguém que não pensei? Algum colega que não observei?"

Henrique, depois de muito pensar, concluiu que Kelly, a moça que era judoca, poderia ser a próxima vítima. Não comentou na delegacia, mas se encontrou com ela e seus amigos várias vezes. Primeiro pediu para a jovem sair da cidade. Kelly se recusou, queria enfrentar o *serial killer*. E estava mais parecida com as outras garotas que foram atacadas. Seus cabelos estavam nos ombros e tingidos de castanhos.

— Não se preocupe comigo, investigador — pediu a judoca —, sou esperta e sei muito bem enfrentar qualquer ataque.

— Só me resta apelar para sua família — disse Henrique.

— Quando participei do concurso, era somente órfã de pai; meses depois, minha mãe faleceu. Este detalhe poucos sabem, porque mamãe morava em outra cidade, longe daqui. Tenho somente um irmão, que reside longe, e nós dois somos brigados. Não tenho família, somente muitos amigos, e estes concordam comigo.

— É verdade — opinou Gilson, um dos amigos —, confiamos em Kelly, ela é inteligente e luta muito bem. Vence qualquer homem.

Henrique observou Gilson, ele era mais do que um amigo, estava apaixonado pela moça.

"Vou fazer de Gilson um aliado", decidiu Henrique.

— Se quer saber de meus planos — disse Kelly —, vou lhe dizer. É o seguinte: como moro com duas amigas num apartamento que tem porteiro vinte e quatro horas, penso que esse monstro não vai querer me atacar no meu lar. Isso porque teria de lutar com três judocas e ele não atacou nenhuma das moças em casa. Ele não virá à academia. Sempre tem muita gente aqui, e todos são lutadores e meus amigos. Com toda a certeza, tentará me atacar no trajeto entre meu apartamento e a academia. Venho e volto caminhando, não é longe. Ambas, a academia e a minha moradia, ficam na mesma avenida. Concluímos que ele me atacará neste trajeto. Saio sempre da academia à noite, às vinte e duas horas.

— Por mais que insista em acompanhá-la, Kelly não permite — contou Gilson.

— Estou sempre armada; se não der para surrá-lo, atiro nele — determinou a judoca.

"Devo estar louco por estar concordando com esses jovens: Mas pode dar certo", pensou Henrique.

— Gostaria de verificar se vocês sabem realmente usar a arma. Posso? — pediu o investigador.

— Claro — respondeu Kelly.

E, no pátio da academia, ela e os amigos mostraram que sabiam de fato usar armas. Henrique somente deu algumas dicas. Ele estava apreensivo com a situação. Por muitas vezes tentou fazer com que Kelly desistisse, mas a moça estava decidida. Ele não podia dizer nada a seus colegas: se realmente fosse alguém da polícia, ele não podia ser alertado.

Comprou quatro aparelhos de rádio: um ficou com uma das moças que morava com Kelly; outro, com ela; o terceiro, com Gilson; e o outro, com ele. Ensinou-os a usá-los.

— Qualquer novidade, ligue para mim. E, por favor, Kelly, esteja atenta.

Evitou falar de suas preocupações com a mãe, porém não conseguiu enganá-la; dona Isaura estava nervosa e preocupada. A namorada sentia ciúmes, achava que seu amor estava se encontrando com alguém, e ele tentava acalmá-la.

— É trabalho, Raquel! Por favor, confie em mim! Estou trabalhando muito. Quero, para nosso sossego, prender esse psicopata.

Raquel estava enciumada porque ele não ficava mais depois das vinte e uma horas e trinta minutos com ela. Saía da casa dela, ia de moto para as proximidades da academia e somente voltava para casa quando Kelly, pelo rádio, afirmava que estava segura no apartamento.

O comandante marcou uma reunião e pediu para Henrique convocar todos de quem suspeitava.

No horário marcado, todos estavam presentes, e o comandante foi direto ao assunto:

— A reunião é para falarmos sobre estes assassinatos. Quero que todos deem opiniões.

— Estamos sobre pressão — disse Paulo. — Não gosto de ser suspeito. Não está nada bom o clima de trabalho.

— Você pensa que não é ninguém da polícia? — perguntou o comandante.

— Prefiro não pensar, não quero pensar. Se isso for confirmado, será muito triste — respondeu Paulo.

— Não me respondeu o que perguntei. Pensa ou não ser alguém entre nós? — insistiu o comandante.

— Sim, penso — Paulo suspirou.

— Por quê? — o comandante quis saber.

— Penso que Henrique responderá melhor a pergunta.

Todos olharam para ele, que respondeu:

— Se fossem crimes isolados, cada um deles poderia ter um suspeito, mas, com todos, cheguei, ou chegamos, à conclusão: ele não deixa pistas, é então alguém acostumado a analisá-las. Portanto, deve ser alguém entre nós. No último caso, a enfermeira veio à delegacia pedir proteção e por isso ficamos sabendo que ela era órfã de pai. Muitos, é claro, sabiam de sua orfandade, mas não é um crime isolado. Penso, com certeza, que é algum policial.

— Você pode estar errado — opinou o tenente Hipólito.

— Gostaria de afirmar isso, porém não posso — falou Henrique.

— Todos nesta sala são suspeitos? — perguntou o delegado.

— Infelizmente sim, e são muitos — respondeu Henrique.

— Todos nós estamos investigando — disse o comandante —, porém você, Henrique, ainda é o encarregado e o responsável pela investigação. O que pensa em fazer?

Ele sorriu, brincou com o lápis entre os dedos e respondeu:

— Com toda a certeza, tenho planos. Mas não falo. Claro que não! Um aqui desta sala talvez seja o assassino. Tenho quase certeza de quem é — mentiu ele —, falta muito pouco para que consiga prendê-lo. Não! Não falo meus planos.

— Você acusa muito — reclamou Marceano. — Colocou-se em sua lista de suspeitos?

— Como? — Henrique se assustou.

— Sim — falou Garcia —, você também é suspeito. Estou de olho em você. É órfão de pai, confuso, escuta vozes, fala sozinho, e Marceano viu você numa noite andando de forma estranha, parecendo alheio.

— Não sou eu! — exclamou Henrique.

— Como afirma com tanta certeza? — indagou Paulo. — Pode muito bem ser você. Não estamos procurando um psicopata? Você, dentre nós, é o que mais se encaixa. Você pode ter dupla personalidade.

— Depois — disse Paulo —, na tarde em que a enfermeira foi assassinada, você disse estar dormindo em sua casa. Sua mãe não estava, perguntei a dona Isaura. Você foi a única pessoa que perguntou dias antes da enfermeira, no hospital. E, quando Raquel foi atacada, você chegou muito rápido ou já estava lá?

— Não! — exclamou Henrique indignado.

Ele notou que o delegado e o tenente tentaram disfarçar um sorriso. O comandante ficou mais nervoso. Meire se espantou.

— Por que se espanta? — perguntou Paulo. — Se duvida de nós, por que não podemos duvidar de você? E se você descobrir que é o próprio assassino, o que vai fazer?

— Mato-me — afirmou Henrique. — Não sou eu. Sou órfão de pai, mas não tenho problemas com a orfandade. Evitei que Raquel fosse morta e, de fato, estava em casa na tarde em que Lucinda foi morta. Quero muito parar esses crimes. Mas, se tivesse alguma dúvida de que poderia ser eu, me mataria para não ver ninguém mais sofrer.

— Penso, colega — opinou Meire —, que não é você. Este psicopata é impiedoso, não sente dó de ninguém.

— Será que ele não tem família? — indagou Paulo. — Filhos, que poderiam ser assassinados?

— Eu tenho! — exclamou o soldado Theodoro, que, descontrolado, pôs-se a chorar. — Não fui eu! Se estou aqui, é porque sou suspeito. Fiz somente a besteira de ficar entre aqueles andarilhos e de olhar a escrivaninha de Henrique. Tenho filha e sei avaliar o sofrimento das famílias enlutadas.

Ninguém falou nada para consolá-lo. Muitos ali pensavam ser ele, e o comandante o estava vigiando de perto. Naquele momento, Henrique sentiu que não era ele, mas pensou:

"Theodoro está sendo sincero ou está fingindo?"

— Pode ser alguém que não tenha filhos — comentou Paulo.

— Ou que tenha problemas com eles — Marceano se defendeu.

"Desafie-o! Desafie-o!"

Henrique arrepiou-se ao escutar a voz. Foi um acontecimento diferente. Foi muito rápido. Teve a sensação de que o dono da voz somente aproximou-se dele para falar isso e depois se afastou.

— Eu o desafio! — exclamou Henrique.

Todos ficaram atentos a ele, que, falando devagar, olhou para todos, um de cada vez.

— Desafio o assassino! Estou perto de provar quem é. Será preso! A família, desonrada, e todos nós, de certa forma, também. Alguém que deveria defender os cidadãos está matando. E, na prisão, como será tratado? Ele sabe como e também que não sairá de lá. Que se entregue! — todos ficaram calados, somente se escutavam as respirações, que estavam tensas. — Não se entregando, será pior para ele. Matará novamente? Ou tentará? Pois faça logo! Que me enfrente!

— Basta, Henrique! — pediu o comandante. — Dou autonomia para você fazer o que quiser para prender esse psicopata e até para matá-lo. Mas faça! Tem minha aprovação para manter sua investigação em segredo. Peço aos colegas: se alguém aqui descobrir alguma pista, fale a ele. Só lhe recomendo: cuidado!

Novamente, Henrique ficou sem saber se era uma ameaça ou se realmente o comandante se preocupava com ele.

A reunião acabou com todos tensos. Voltaram aos seus afazeres.

Dois dias depois, houve uma grande apreensão de drogas, e foram presas várias pessoas. Muitos policiais, tanto militares quanto civis, participaram da apreensão, que foi comemorada com sucesso. A delegacia ficou movimentada por advogados, jornalistas e familiares dos presos. Foi tumultuado, somente melhorou à tarde. Ninguém saiu para o almoço, comeram sanduíches.

— Nossa! São dezesseis horas! — exclamou Marceano. — Fiquei de comprar um remédio para minha mãe e levar na hora do meu almoço. Como não consegui almoçar, não levei, e ela tem de tomá-lo às dezessete horas.

— Pegue, novato, minha moto — ofereceu Henrique. — Compre o remédio e o leve para sua mãe. Tem habilitação, não tem?

— Tenho, sei dirigir motos. Aceitarei a oferta. Obrigado, colega. Vou e volto rápido.

Henrique deu a chave para o companheiro e continuou seu trabalho.

Marceano saiu e, vinte minutos depois, Meire recebeu a notícia.

— O novato sofreu um acidente e está no hospital.

— O que aconteceu? — perguntou Paulo preocupado.

— Parece que ele caiu da moto, não é nada grave.

— Venha comigo, Henrique — pediu o delegado.

Entraram numa viatura e, em vez de irem para o hospital, foram para o local onde ocorreu o acidente.

— Foi ali que ele caiu — mostrou o delegado. — Ali está sua moto.

Um soldado da polícia militar estava no local e explicou o que havia acontecido.

— Segundo Marceano, ele estava devagar, dirigia com cuidado porque a moto era emprestada, mas, ao fazer a curva, a roda dianteira se soltou, e ele caiu. O que faço com a moto?

Henrique examinou-a:

"Alguém tentou me eliminar. Os parafusos foram soltos."

O delegado olhou somente e não falou nada.

"Por que o chefe não fala?", continuou Henrique pensando.

— Vou pedir para meu mecânico buscá-la — disse Henrique ao soldado. — Pelo jeito, não adianta examiná-la. O melhor é consertá-la. Posso dirigir a viatura? Vou à oficina, depois seguimos para o hospital.

O delegado concordou com um gesto de cabeça e continuou calado. Foram à oficina mecânica, e o investigador pediu ao mecânico:

— Pegue a moto para mim. Somente prenda os parafusos e desamasse para eu usá-la. Não posso, no momento, ficar sem moto. Passo logo mais aqui para pegá-la ou você a leva à delegacia. Depois a trago novamente para uma boa arrumada. Muito obrigado!

Henrique agradeceu depois que o mecânico afirmou que faria o que ele pediu.

Foram para o hospital. Marceano estava engessando a perna, quebrara a direita. Seus pais estavam apreensivos.

— Acidente de moto? Mas como? — perguntou o pai dele.

— Eu emprestei minha moto a ele — explicou Henrique. — Tivemos um dia tumultuado na delegacia, e Marceano preocupou-se porque não comprara o remédio para a senhora. Então ele saiu de moto.

Marceano saiu da sala numa cadeira de rodas, e uma linda enfermeira empurrava-a. Ele sorriu para todos.

— Desculpem-me — pediu o delegado aos familiares de Marceano. — Podemos, Henrique e eu, conversar com ele por uns instantes, em particular?

— Claro que sim! — respondeu o pai dele.

A enfermeira o conduziu a um quarto e o ajudou a deitar na cama. Saíram todos, e ficaram somente os três.

— Vocês viram que enfermeira linda? É solteira! — exclamou Marceano.

— Como ocorreu o acidente? — perguntou o delegado.

— Nem sei! Estava devagar, sou cuidadoso. Na curva, caí. A roda se soltou. Não sei!

— De fato, a roda se soltou — afirmou o delegado.

— Alguém o tentou matar, Henrique, ou você a mim.

— Como?! — Henrique indignou-se. — Como saberia que você não havia comprado o remédio de sua mãe e que eu lhe emprestaria a moto?

— Você tentou se matar? Quis se suicidar? Afrouxou os parafusos e se esqueceu? — indagou Marceano.

— Claro que não! Alguém tentou me eliminar — lamentou Henrique. — Todos sabem que eu corro com a moto. Se você estivesse correndo, talvez não tivesse quebrado somente a perna.

— Mas eu também me arranhei todo. Olhem meu braço! Minhas costas estão todas raladas.

— Isso sara! — afirmou o delegado.

Despediram-se de Marceano, dos familiares dele e voltaram à delegacia. Novamente, o delegado não falou nada. Parecia concentrado em seus pensamentos.

"Alguém está se sentindo encurralado, temendo ser descoberto, tentou me matar ou me afastar do caso. Mas quem? Hoje, especialmente, a delegacia ficou movimentada, estávamos todos os suspeitos lá: os da polícia civil e os da militar. Terei de ter muito cuidado."

— O que o senhor pensa disso? — perguntou Henrique ao chefe.

Ele não respondeu e, quando chegou à delegacia, foi direto para sua sala e fechou a porta. Os colegas quiseram saber de Marceano, Henrique contou:

— Ao fazer uma curva, ele caiu da moto. Quebrou a perna e sofreu uns arranhões. O novato está bem, penso que amanhã sairá do hospital, sua família está com ele.

Meire o olhou fixamente, nenhum colega se manifestou. Eram dezenove horas quando o mecânico telefonou dizendo que a moto havia ficado pronta e a levou para ele na delegacia. Henrique a pegou e agradeceu.

— Sua moto — disse o mecânico — teve os parafusos afrouxados. Agora ela está segura.

"Não foi difícil alguém hoje na delegacia afrouxar os parafusos. Foi o assassino, com certeza. Marceano foi a vítima. Ainda bem que o novato não morreu. Agora, vou, todas as vezes, antes de sair com a moto, verificar se ela está apta, se está tudo em ordem."

Preocupado, ficou mais atento com Kelly.

No centro espírita

A situação piorou. Ninguém comentou na delegacia sobre o acidente de Marceano, mas sabiam ou desconfiavam que alguém havia tentado matar Henrique. Também pensaram que poderia ter sido ele mesmo quem havia danificado a moto, ou para se suicidar, fazendo parecer um acidente, ou para dizer que o haviam tentado matar. Todos estavam preocupados e tensos.

Marceano não havia se machucado com gravidade, mas ficaria afastado do trabalho. Não adiantou indagar, não viram ninguém mexer na moto dele ou não disseram nada. Henrique passou a prestar atenção em seu veículo: antes de sair com ele, verificava se estava tudo em ordem, olhava as rodas, freios, motor etc. Estava muito preocupado.

"Se alguém tentou me eliminar, me tirar da investigação, é porque acreditou em mim quando falei na reunião que sabia, quase com certeza, quem era. Tentará novamente me matar? Penso que sim. E talvez não erre na próxima vez."

Não escutou mais as vozes, seu sono estava tranquilo, e ele estava orando mais. Numa noite, ao orar, lembrou-se da mãe de Silvana e procurou o cartão com o endereço do centro espírita que ela frequentava. Colocou o cartão em sua carteira.

No outro dia, quando voltava do almoço, indo para o trabalho, resolveu procurar o endereço do centro espírita e verificar os horários de atendimento. Encontrou facilmente o local: era um lugar simples, parecia um salão com um pequeno jardim na frente. Ao ler um aviso, um papel colado numa vidraça, surpreendeu-se: havia atendimento fraterno à tarde, três vezes por semana. Consultou seu relógio e, em dez minutos, começaria o atendimento.

"Como será esse atendimento?", pensou ele. "Se for como o nome diz, deve ser um acontecimento acolhedor. 'Fraterno' é algo feito com amor. Vou esperar."

Ficou ao lado de sua moto, que estava estacionada em frente ao salão. Logo, duas senhoras e um homem, conversando animados, sorridentes, abriram a porta. Henrique olhou-os.

"Sou bom observador e concluo que estas pessoas que trabalham ajudando o próximo estão sempre em paz. Elas devem ter problemas e, às vezes, como aconteceu com a mãe de Silvana, sofrem e adoecem, porém basta vê-las para sentir que estão em paz. Parece certo mesmo que quando mais se dá, mais se tem."

Uma das senhoras cumprimentou-o e perguntou:

— O senhor está nos esperando?

— Sim, estou.

— Pois entre! — convidou a senhora. — Seja bem-vindo!

Henrique entrou, bastou uma olhada para memorizar o local. Era realmente um salão: à esquerda, pelo fato de a porta estar aberta, viu que havia salas e banheiros; à direita, uma outra sala, onde estava escrito na porta "biblioteca". No salão, havia muitas cadeiras e, na frente, somente uma mesinha e um vaso com lindas flores.

— O senhor conhece a casa? — perguntou a senhora.

— Não! Porém, gostaria de receber ajuda.

— Se quiser conversar conosco, aguarde somente uns instantes para abrirmos as janelas. Neste atendimento que fazemos à tarde, oramos juntos e, se a pessoa quiser, damos passes. É feita a leitura do Evangelho.

— Para ser sincero, não sei se quero conversar. É que antes escutava vozes, penso que eram espíritos desencarnados, mas agora não as tenho ouvido mais. Acho que quero receber um passe para melhorar minhas energias.

A senhora sorriu, e ele pensou:

"Estou confuso e confundindo todo mundo. Esta senhora não deve ter entendido nada. Ouvia vozes, não as escuto mais. É melhor ficar calado."

— Aceita fazer o Evangelho conosco? — perguntou a senhora.

— Sim — respondeu Henrique.

— Então, sente-se aqui, por favor — convidou a senhora que conversava com ele.

Outras pessoas entraram no salão, mais três trabalhadores e umas vinte pessoas para serem atendidas.

Uma das senhoras abriu um livro. Henrique leu o título, *O Evangelho Segundo o Espiritismo*, Allan Kardec, e prestou atenção.

"'Consciência!'", pensou ele, arrepiando-se. "A mãe de Silvana leu para mim esse trecho. Parece que é para mim, somente para mim que esta senhora está lendo esse pedaço. Benevolência para com todos? Será possível isto?"*

---

* N. A. E.: Foi feita a leitura de *O Evangelho Segundo o Espiritismo*, capítulo 11, "Amar ao próximo como a si mesmo", item "Caridade para com os criminosos".

Continuou atento:

— "Todos têm necessidade de indulgência. Somos filhos do mesmo Pai. Não façais distinção entre vós. Observai Jesus, vosso modelo."

"Meu Deus! Que difícil fazer o que ouvi", pensou ele quando a senhora acabou a leitura. "O devotamento é cego. Se puder salvar um malfeitor, salvai-o!"

Foi convidado a ir a outra sala, onde se sentou confortavelmente numa cadeira. Três pessoas, trabalhadores da casa, oraram por ele, estendendo as mãos.

— Estamos lhe dando um passe — explicou a senhora.

— Aqui não se conversa com espíritos? — perguntou ele.

— Durante o passe não, temos reuniões próprias para esses fenômenos. Você quer conversar conosco?

— Não, talvez outro dia. Mas, se escuto vozes, sou médium?

— Pode ser que sim — respondeu a senhora.

— A senhora poderia me emprestar ou indicar um livro para eu ler? Vi, na estante, um com o título *O Livro dos Médiuns*.

— Com certeza — respondeu a senhora —, esse livro de Allan Kardec é a bússola segura para aqueles que têm mediunidade e é fonte de esclarecimento para aqueles que querem entender o assunto. Porém, pode parecer um pouco difícil para quem não tem nenhum conhecimento sobre mediunidade. Tanto que temos na casa um grupo de estudo sobre ele. Se quiser, pode pegar emprestado.

— Agradeço!

A senhora foi até a estante, pegou um exemplar e lhe deu.

— Por favor, preencha esta ficha.

Henrique preencheu e a senhora lhe passou uma mensagem. Ele agradeceu e foi para a delegacia. Deixou guardados o livro e a mensagem no porta-volumes de sua moto. Quando chegou em casa, antes de se banhar, pegou o dicionário e procurou o significado da palavra "benevolência". Foi lendo:

— "Benevolência: boa disposição de ânimo para com alguém; estima, afeto. Benevolente: benévolo, que tende a fazer bem, bondoso, benigno. Benfeitor: o que faz bem, benéfico."

"Quanta profundidade numa simples palavra. E benevolência para com todos, ter ânimo para com todos. Ou seja, amar todos como os irmãos que somos", concluiu.

FOI COM A NAMORADA, na casa dela, que pegou o livro para ver e contou a ela o que fizera à tarde.

— Fez muito bem em ir — concordou Raquel. — Volte outras vezes. Já pensei em procurar um centro espírita. Quero entender mais sobre reencarnação. Como professora, vejo diariamente muitos fatos que não compreendo. Por que tantas crianças sofrem? Como pode umas serem tão amadas e outras, abandonadas? Posso ler esta mensagem? "Prece de Cáritas"! Veio a lume pelo Espírito Cáritas, no Natal de 1873, por intermédio de Madame W. Krell, que atuava no círculo espírita de Bordeaux, França. Ouça, querido, que rogativa mais linda! Pede um guia à criança, e ao órfão, o pai!

— De fato, é muito bonita — concordou o namorado.

Henrique abriu *O Livro dos Médiuns* e leu alto a introdução:

— "Diariamente, a experiência confirma a nossa opinião de que as dificuldades e desilusões encontradas na prática espírita decorrem da ignorância dos princípios doutrinários. Sentimo-nos felizes ao verificar que foi eficiente o nosso trabalho para prevenir os adeptos quanto aos perigos do aprendizado, e que muitos puderam evitá-los, com a leitura atenta desta obra..."

— Nossa! — exclamou Raquel quando ele terminou de ler. — Sensacional!

— Vou — disse ele — gostar de ler este livro e estou pensando em voltar mais vezes àquele centro espírita. Podemos marcar para irmos depois de amanhã? Passo aqui, vamos de carro, depois a trago e vou trabalhar.

Raquel concordou e combinaram, acertando o horário, que iriam à tarde, porque ela, mesmo com o namorado, não saía mais à noite.

— Vou orar — afirmou ela — esta oração todos os dias. Esta parte é linda! "Dai-nos a caridade pura, dai-nos a fé e a razão!" É isso o que quero: entender para acreditar.

A vontade dele era ficar mais com ela e lerem o livro juntos, mas havia Kelly. Então se despediu e foi embora, como fazia todas as noites, dirigiu-se para perto da academia. Fazia isso seis noites por semana; no domingo, a academia abria somente pela manhã, e Kelly ficava com os colegas. A moça não saía e, se o fazia, era sempre com muitos amigos. Ela deixou para o criminoso, isso se ele quisesse atacá-la, somente a opção da volta do trabalho para o apartamento.

Raquel foi com Henrique ao centro espírita; lá escutaram a leitura do Evangelho e receberam o passe. Embora quisessem ficar mais, o moço tinha de trabalhar, e ela não fazia mais nada sozinha. A jovem pegou emprestado na biblioteca *O Evangelho Segundo o Espiritismo* para ler.

Na segunda vez que foram, ao serem perguntados se queriam conversar, Raquel aceitou. Henrique esperou-a no salão, porém ouviu-a dizer:

— Tenho medo!

Ele arrepiou-se e pensou aflito:

"Será que o assassino está querendo atacar Raquel novamente? Será que ele planeja pegá-la? Estou pensando que pode ser a Kelly, mas e se for Raquel que ele quer? Meu Deus!"

Ficou aflito. A moça saiu aliviada do atendimento e sorriu para ele.

— Estou gostando muito de vir aqui. Quando puder, vou me matricular nos cursos de estudos que a casa oferece. Um dia quero fazer parte de uma equipe assim.

Naquela noite, antes de dormir, ele orou a "Prece de Cáritas", prestando atenção em cada frase.

"Pai, dai ao culpado o arrependimento", pensou ele. "Meu Deus, como gostaria que o psicopata se arrependesse! Mas por que penso nele? Devo me arrepender de meus erros! Não quero pensar nos erros alheios. Por estes, nada ou pouco posso fazer, mas com os meus, sim. É dos meus erros que tenho de dar conta. Como na oração, devo alcançar a Vossa misericórdia."

Os livros emprestados ficaram com Raquel, e os dois liam juntos algumas páginas e comentavam. Como demoravam para ler, pediram, no centro espírita, se poderiam ficar mais tempo com eles. *O Evangelho Segundo o Espiritismo*, o casal de namorados entendia, por isso passaram a lê-lo mais. De *O Livro dos Médiuns*, como lhes foi dito, não compreenderam algumas partes, e prometeram estudá-lo no grupo de estudo.

Henrique, todas as noites, antes de ir embora, conferia se a casa da namorada estava bem fechada, e ele pediu para os vizinhos ficarem atentos. Além disso, verificava sempre se o rádio delas estava funcionando. Tentava não demonstrar sua preocupação, mas estava muito preocupado e até receoso. "Será", pensou apreensivo, "que minha namorada deixará de ser a órfã número sete para ser mais uma vítima?"

Três meses depois da morte da enfermeira, Henrique começou a ficar inquieto e sentiu que logo o *serial killer* atacaria novamente. Alertou Kelly e seus amigos, bem como a sogra dele, dona Maria da Glória.

Nas outras duas vezes em que ele ficara tenso, o assassino atacou. Desta vez, ele não escutou as vozes, não sabia dizer se isso era pior ou não. De certa forma, as vozes lhe davam segurança.

"Será", pensou, "que as vozes me abandonaram ou resolveram esquecer o psicopata? Quem sabe elas o perdoaram? Pelo que entendi, ninguém precisa se vingar: nossos atos nos pertencem, toda causa tem efeito, toda ação tem retorno".

Por mais que tentasse disfarçar seu nervosismo, todos notaram sua inquietação, mas os colegas de trabalho não comentaram, e até Marceano, que voltara a trabalhar, não brincava com ninguém. Sua mãezinha estava muito preocupada, e Raquel, tensa.

Henrique prometeu à sua mãe que, assim que resolvesse o caso dos assassinatos das órfãs, sairia da polícia. Era realmente o que dona Isaura queria, ela já havia lhe pedido isso muitas vezes, mas desejava que o filho saísse antes, que outros resolvessem o caso. Raquel também aprovou a decisão, queria um marido com um emprego mais tranquilo. Ele disse isto na delegacia.

— Quando prender o psicopata, porque vou prendê-lo, vou sair da polícia. Não quero mais ser policial. Não mesmo! Eu o prenderei e, no dia seguinte, me desligarei. Trabalharei com algo em que não corra risco de vida.

— Será mesmo capaz de abandonar sua carreira? Gosta tanto! — perguntou Meire.

— Gosto mais de mim! Não arrisco mais minha vida para prender criminosos. Vou sair mesmo! Palavra de honra! Promessa feita!

— Não precisa de tanto. Acredito em você — falou Marceano.

Não fizeram mais reuniões, não discutiram mais esse caso, e ninguém conseguiu descobrir nada. Mas todos sentiam que, como um viciado, o psicopata voltaria a se arriscar, a atacar.

Henrique chegou até a pedir para as vozes:

— Por favor, vozes — rogou ele, após ter orado —, digam alguma coisa! Se sabem algo, falem! Terei de ter cuidado com Raquel ou ele atacará Kelly?

Nada, nenhuma resposta. Porém, sentiu que ele atacaria a judoca. E ficou mais ainda atento a ela.

O ataque

Henrique despediu-se da namorada naquela noite e, como estava fazendo nos últimos tempos, foi para seu posto. Não ficava no mesmo local, revezava os lugares, mas sempre ficava próximo da academia. Normalmente, permanecia nas ruas paralelas da avenida, que era de pista dupla e extensa, ligava o centro da metrópole à periferia da zona leste da cidade. Estacionava a moto e ficava ao seu lado, atento ao rádio. Naquela noite, parou numa rua à direita da avenida, rumo ao centro, a quatro quadras da academia, e ficou como se esperasse alguém. Estava inquieto, sentia a boca seca e suava.

Estava atento e, de repente, escutou no rádio a voz de Kelly.

— Para onde está me levando? Estou me sentindo atordoada.

Henrique escutou alguém falar, mas não conseguiu entender o que dizia, e a judoca repetiu:

— Vou dormir? Não quero entrar no carro.

O investigador percebeu que Kelly falava com o rádio ligado na sua bolsa. Ficou calado, não respondeu, preferiu escutar. Pelo jeito, o agressor não viu que ela estava com o rádio. Torceu para que nenhum dos outros dois amigos dela, que também tinham rádios, responderem. Ligou a moto. Pelo barulho que ouviu, entendeu que Kelly havia sido jogada num carro.

— Para onde me leva? Estamos indo para a periferia? Aonde vamos?

Kelly fez um pequeno intervalo. O investigador percebeu que ela escutou o agressor.

— Para o posto abandonado? Quase no fim da avenida? É para lá!

A moça falava com muita dificuldade, esforçando-se. Depois, se calou. Henrique entendeu que a moça havia dormido.

— Ele a dopou! Miserável! — exclamou. — Ela disse para onde ia.

Cuidadosamente, mas veloz, dirigiu para a avenida e foi em direção ao posto abandonado. Ali fora um posto onde se vendia combustível e que havia uns três anos tinha sido desativado, por causa de brigas familiares. Estava abandonado.

O investigador sentia o coração bater forte e clamou por ajuda, rogando a Deus para que pudesse impedir mais um assassinato.

Chegou rápido ao posto. Tudo estava escuro. Tentou não fazer barulho, desligou a moto antes de chegar e a empurrou. Desta vez não queria que ele fugisse, queria prendê-lo. Viu um carro parado onde outrora fora um lava-rápido.

— Meu Deus! O carro!

Era o que havia sido descrito no atropelamento de Rosemary. Deixou a moto perto do carro, segurou sua lanterna com uma mão e, com a outra, seu revólver. Observou o lugar.

"Onde? Meu Deus, onde?", pensou ele.

Afastou-se alguns passos e olhou bem para o lugar. Viu, ou pensou ter visto, no centro do prédio, uma luzinha fraca de lanterna.

Tentando não fazer barulho, cautelosamente foi para lá. Não acendeu a lanterna, atravessou uma sala (não havia portas, estas haviam sido retiradas), passou por um corredor e deparou com um salão onde havia sido um restaurante. Este local fora depredado, foram roubadas as pias e as mesas de mármore, havia muitos entulhos, pedras jogadas pelo chão, montes de terra e pedaços de madeiras.

Henrique viu a lanterna, ela estava pertinho de Kelly que estava deitada, inerte no chão. Viu, a uns dois metros dela, um corpo caído e o vulto de um homem em pé, olhando a moça. O investigador colocou seu revólver no coldre, a lanterna no bolso de sua jaqueta e avançou sobre o vulto.

Atacou-o de surpresa. Os dois lutaram. O homem assustou-se, mas rapidamente se recompôs e reagiu à investida de Henrique. Os dois trocaram socos. Henrique, com certeza, dominaria a situação e, num puxão, retirou a meia do rosto do agressor. Aí foi a vez de ele se assustar. Aproveitando o susto, o agressor atirou. A mão do assassino estava abaixada, e o tiro atingiu a perna, a coxa de Henrique, que, com o impacto e sentindo um empurrão, foi arremessado a uns dois metros e meio. Caiu e, ao fazê-lo, ouviu outro tiro. O assassino tentou novamente atingi-lo. Mas, como caiu, não foi atingido.

Henrique olhou onde caiu. Pela luz escassa da lanterna que continuava acesa perto de Kelly, viu que estava atrás de uma pedra e se acomodou melhor para ficar protegido. Escutou:

— Henrique! Está ferido?

— Sim, estou.

— Dois tiros?

— Sim — mentiu o filho de dona Isaura.

— No estômago?

— Sim, e na perna. Mas ainda estou vivo. Atiro em você.

— Não precisa.

Henrique escutou um tiro.

— O que foi isto? — perguntou o investigador, que se assustou novamente.

Quis se levantar, mas escutou do assassino.

— Atirei em mim. No meu estômago. Vamos morrer juntos.

— Por que atirou no seu estômago?

— A morte será dolorosa. Prefiro! Estou deitado do outro lado da pedra, apontando a arma e atento. Se você se levantar, se conseguir, atiro em você novamente. Você não tem escolha: se levantar morrerá mais rápido. Seu rádio foi quebrado enquanto lutávamos. Sou mais esperto que você.

— A moça está morta? Quem é esse outro homem? — perguntou Henrique.

— Curioso até quando está morrendo — respondeu o agressor. — Já que vai morrer, vou lhe dizer. Não, a moça está viva, só dorme. O homem está morto.

Henrique decidira: se Kelly estivesse em perigo, levantaria e tentaria atingir o criminoso, mas ele tinha visto a moça, e ela não estava com nada no pescoço. Sabia que não podia acreditar nele. Estaria realmente ferido? Atirou nele mesmo? Atento a todos os barulhos, resolveu conversar com ele, na tentativa de distraí-lo.

— Por que não a matou?

— Ia fazê-lo — respondeu o homem. — Esperava que acordasse, não tinha pressa. Gosto de matá-las despertas.

— Como pegou Kelly?

— A judoca pensa que é muito esperta, mas não é. Eu a vigiava e sabia que a orfãzinha tomava todas as noites um suco numa lanchonete no calçadão. Esperei-a, distraí-a, coloquei um forte sonífero em seu suco e depois a abordei. Sabia que você estava sempre por ali, vigiando-a, e que esta noite estava parado do outro lado da academia. O que aconteceu? Como nos encontrou?

Henrique não queria falar do rádio e ignorou a pergunta, fazendo outra:

— Responda-me, por favor: Era você que estava com Rosemary, a garota que foi atropelada?

— Sim, era eu — respondeu o *serial killer*. — Aquela moça era uma boboca. Iludiu-se com um emprego, e eu, ao buscá-la, disse ser o motorista do empregador. Ela até tomou um suco que ofereci, tinha um sonífero. Tudo estava indo bem até que ela percebeu que o carro era muito simples para ser dirigido por um motorista. Começou a indagar, e eu a mandei calar a boca. Não contava com o fato de que o trânsito ia ficar lento; ela saltou e foi atropelada. Não foi culpa minha.

— Você matou esse homem? Quem é ele? — o investigador quis saber.

Pelos gemidos, Henrique sentiu, mais pela intuição, que ele realmente estava ferido. Resolveu gemer também.

— É o Sebastião, o andarilho — respondeu o assassino. — Ele foi mais esperto que todos nós. Esse morador de rua me viu matar a sexta órfã e passou a me vigiar. Somente percebi quando ataquei aquela que virou sua namorada. Mas eu também sou esperto. Preocupei-me com o reconhecimento, mas ele nada contou. Então, passou a vigiar a enfermeira, tive de tomar uma atitude. Prendi-o e fiz que com que os colegas dele de rua comentassem que ele havia mudado de cidade.

— Onde o deixou preso?

— Você quer saber demais. Já que está morrendo, vou satisfazer seu pedido. Deixei-o numa casa de campo abandonada. Ser da polícia facilita saber onde existem esconderijos perfeitos. Lá ele foi bem tratado, alimentado. Hoje eu o dopei, trouxe-o para cá, matei-o e fui pegar a orfãzinha. Ai, está doendo bastante... O ácido do estômago se espalha pelos órgãos.

— Eu também estou sentindo dores... — queixou-se Henrique.

Mas não as sentia. Mesmo ferido, o moço, com a sensação de estar em perigo, não sentia o ferimento. Era primordial estar atento. Ele pegou, tentando não fazer barulho, seu lenço e o amarrou na perna, no local atingido, onde sangrava, e o sangramento foi parcialmente estancado.

— E aí? Conte! O que aconteceu depois? — pediu o investigador.

— Matei-o! Atirei nele e o deixei morto aqui. E sabe o que ia fazer? Claro que não! Mas foi você quem me deu a ideia. Depois de matar a orfãzinha, ia me matar. Com certeza, se eu não morrer, vou acabar sendo pego. Não podia mais negligenciar meus colegas, alguém acabaria descobrindo que sou o famoso *serial killer*. Ia fazer o seguinte: matá-la e depois me matar. Estava decidido a atirar no meu estômago e morrer tranquilo. Se você não tivesse vindo aqui, tudo seria perfeito. O *serial killer* seria ele, o Sebastião, e vai continuar sendo. Eu teria lutado com ele e matado; e ele, a mim. Final nobre para um policial herói! Mas você atrapalhou. Não fará diferença, seremos dois heróis mortos pelo assassino mais procurado da cidade. Este revólver com que atirei em você e em mim não tem registro nem procedência, será de Sebastião. *Fiz ele* atirar duas vezes para deixar pólvora em sua mão, e foi com o meu que atirei nele.

— Como explicaria você estar aqui? Como veio?

— Falei várias vezes para minha esposa que estava tomando táxi para uma investigação. Com certeza ela se lembrará disto. Segui o criminoso de táxi.

— Poderão investigar. Nenhum taxista aparecerá, já que não existe ninguém para confirmar a história.

— Não seja tolo! — exclamou o assassino. — Não se investigam heróis. Você facilitou. Estava com você. Viemos juntos.

— Perfeito demais! Mas por quê? Por que mata? — perguntou Henrique.

— Um vício! Tudo começou quando era pequeno. Você quer mesmo saber?

— Sim. Já que vou morrer, partirei para o Além sem esta curiosidade. Conte!

Henrique queria distraí-lo e tentar atacá-lo. Observou bem o local, tinha somente a pedra como escudo; tanto à sua direita como à esquerda não havia nada. Se saísse de trás da pedra, seria atingido, porque não duvidava, ele atiraria. O psicopata planejara tudo muito bem. Só que ele não morreria com seu ferimento. Kelly estava dopada, e Sebastião, morto. Poderia tentar sair de trás da pedra e atirar nele ou ser atingido novamente e morto.

"Vou aguardar", decidiu o investigador, "ele parece realmente estar ferido. Se não estiver, está aguardando eu morrer e Kelly acordar para matá-la. Mas eu não vou morrer! Meu ferimento não é grave. Se não tivesse caído... Senti um empurrão ou foi o impacto?".

— Está calado. Por quê? — perguntou o *serial killer*.

— Dói. Estou morrendo... — queixou-se Henrique.

— Não está, infelizmente demorará mais alguns minutos. Isto me dá prazer. Odeio você!

— Por quê?

— Atrapalhou-me. Queria ter tido prazer pela última vez.

— Conte por que faz isso.

— Fui filho único — contou o assassino —, família de pai, mãe e eu. Não tive tios, pelo menos não convivi com mais ninguém da família. Meus pais brigavam muito, estava com oito anos quando minha mãe matou meu pai. Ele chegou em casa bêbado. Esperava, como sempre acontecia, uma briga, mas minha mãe não falou nada. Eu a vi dar mais bebida a ele e, quando papai estava completamente embriagado, ela o ajudou a se sentar numa cadeira em frente à mesa de jantar, onde ele colocou a cabeça. Eu os olhava, espiando pela fresta da porta do meu quarto. Vi minha mãe virar o pescoço dele com força, somente soltou quando percebeu que ele não respirava mais. Deixou-o ali e foi dormir. Fui para minha cama aliviado por não ter presenciado outra briga. Naquela época, não entendi o que havia acontecido, fui compreender somente anos mais tarde. Acordei com pessoas em casa, e uma vizinha me disse que meu pai tinha ido para o céu. Não acredito nem no céu, nem no inferno, mas, se existissem, com certeza meu pai não iria para o céu. Este período foi, para mim, perturbador. Lembro-me vagamente de minha mãe vestida de preto, e as pessoas me agradando, com pena de mim. Contaram-me que meu pai havia morrido de um ataque do coração por ter bebido demais. Passamos a viver somente mamãe e eu. Henrique, você está ouvindo? Ainda não morreu?

— Não! Ainda não morri — respondeu o investigador. — Estou escutando. Conte!

Henrique não conseguia ter certeza se o psicopata estava ou não ferido. Embora ele gemesse, sua voz estava firme, parecia reviver suas lembranças. Escutou-o atentamente.

— Passamos a viver mamãe e eu. Ela era bonita.

— Morena-clara, com cabelos castanhos até os ombros — interrompeu Henrique.

— Nem vou dizer que sua conclusão é inteligente. É o tipo físico das mulheres que eu mato.

— Por que órfãs?

— Tenho dó, pena delas — respondeu ele. — Órfã de pai não merece viver. Era isso o que ela me dizia.

— Ela quem? — indagou Henrique.

— Minha mãe! Ela sempre me chamava de "pobrezinho". Era o orfãozinho que não merecia sofrer. É triste ser órfão de pai! Merecia morrer! Sofre-se e se sofrerá muito! Todos os órfãos de pai sofrem. Foi melhor para essas moças morrerem.

Henrique preferiu não retrucar, tentou se mover, arrastar-se e foi alertado.

— Quieto! De onde estou, atiro novamente em você e depois na moça. Ela dorme, vai acordar, mas se ela se mexer eu a mato.

O filho de dona Isaura resolveu esperar. Concluiu que ele poderia atirar em Kelly facilmente na posição em que estava. Atiraria nele e nela. Ficou onde estava e o motivou a falar.

— E aí, o que aconteceu?

— Na adolescência, tornamo-nos amantes. Eu não achava certo. Éramos mãe e filho. Isso me perturbou e fugi de casa. Entrei na polícia. Não consegui esquecer o prazer que mamãe me dava. Odiava-a e a amava. Numa folga, saí escondido e viajei para visitá-la. Era noite quando cheguei, discutimos, e ela me disse: "Orfãozinho! Não merece viver!". Matei-a, apertei seu pescoço com o cachecol. Senti muito prazer. Fui embora e tive a sorte de ninguém ter me visto, voltei e não perceberam que havia viajado na minha moto. Foi somente três dias depois que me avisaram que haviam encontrado minha mãe morta. Fui ao enterro, mas não me deixaram vê-la, pois estava morta havia dias. Desfiz-me de tudo que fora dela e procurei viver minha vida. Mas nunca me esqueci do prazer que tive com mamãe, por isso a odiava e quis matá-la novamente.

— Então — falou Henrique —, quando matava essas moças, era na sua mãe que pensava?

— Era em mamãe! Matei-a muitas vezes. Para não fazer sofrer mais ninguém, matava as órfãs de pai, porque eram coitadinhas e infelizes. Elas não mereciam viver!

— Não pensou em seus filhos? — perguntou Henrique.

— Eles estão bem e continuarão. Gosto deles, porém somente me satisfaço com meus crimes. Por isso estou morrendo.

— Quando matou pela primeira vez?

— É por isso que você não prendeu o mais famoso *serial killer* — disse ele com deboche. — Não entendeu o que eu contei? Foi aquela que dizia ser minha mãe.

— E depois? Os crimes da outra cidade? Foi você?

— Sim, foi. Depois que matei aquela que deveria ter sido mãe e não foi, resisti por anos. Porém, aquela cena em que a assassinava estava sempre em minha mente. Estava inquieto, nervoso, e o segundo crime foi quase sem querer. Estava trabalhando, vigiando um bandido, sozinho no carro, quando fui abordado por uma jovem, que coincidentemente era parecida com minha mãe. Ela me pediu para levá-la a um local. Ela se insinuou, quis me conquistar. A rua estava deserta, ia até levá-la para onde me pediu, porém algo mais forte em mim me fez ir para a periferia. Ela gostou, estava rindo, vi nela minha mãe, e foi irresistível a vontade de matá-la novamente. Senti enorme prazer. Depois, acalmei-me e, quando comecei a ficar inquieto novamente, matei de novo. Aí, então, resolvi matar as órfãs paternas, porque elas eram coitadas, sofriam e estariam melhores mortas. Não foi fácil encontrar a terceira vítima. Senti-me muito melhor quando a matei. E o concurso me ajudou.

— Satisfaça-me mais uma curiosidade. Como matou a enfermeira?

— Tenho como saber das coisas — respondeu o *serial killer*. — Em vez de perguntar, como você, sou perspicaz e soube quando ela voltaria. Fui à agência de viagens pela qual ela e a família haviam viajado. Fui ao hospital, como se fosse visitar um enfermo, e observei todo o local. No dia do crime, pela manhã, fui lá, vesti um uniforme de enfermeiro, planejei tudo e voltei como visita à tarde. Foi muito fácil. Gostei de desafiar você e o restante. Fui realmente o máximo! Até como herói vou morrer. Odeio você por ter me impedido de sentir o último prazer. O que me consola é que está com dores terríveis. Você deveria ter morrido com sua moto.

— Então foi você?

— Claro! Por que foi emprestar sua motocicleta? Se você tivesse morrido aquele dia, não teria me atrapalhado hoje.

Henrique não quis contestar. Ele falava com dificuldade.

— Como sinto não ter matado a judoca... — lamentou ele. — Atirar nela não me dá prazer. Tem de morrer como minha mãe!

— De fato — concordou o investigador, com medo de ele atirar em Kelly. — Elas merecem morrer somente sufocadas.

— É!

Ouviu ele jogar algo rumo ao corpo de Sebastião.

— O que é isso? O que está fazendo? — perguntou Henrique preocupado.

— Se eu estou morrendo, você também deve estar, não é?

— Sim, estou morrendo — o filho de dona Isaura mentiu novamente.

— Joguei a meia, o boné e as luvas para perto do cadáver dele. Vou também jogar o revólver. Afinal, foi ele quem atirou em mim e em você.

— Acredita mesmo que nossos colegas pensarão assim? Eles podem duvidar.

— Se eles duvidarem, pensarão que era você o *serial killer*. É muito mais suspeito do que eu. Consegue se mover?

— Não! — respondeu Henrique.

Ele jogou o revólver para perto de Sebastião. Silêncio. Segundos depois, o investigador escutou a respiração de quem estava morrendo. Com cautela, porque sabia que o assassino tinha ainda sua arma, arrastou-se pela direita da pedra e observou. Ele estava deitado em frente à pedra e estava, de fato, morrendo. Viu o ferimento dele no abdômen, sangrando, e fazia barulho de quem estava partindo da vida encarnada. Olhou para Sebastião, concluiu que realmente ele estava morto. Observou Kelly, ela continuava dormindo. Esforçou-se e conseguiu levantar, o tiro não lhe havia quebrado nenhum osso. Saiu de trás da pedra, passou pelo corpo do assassino, foi até a judoca e verificou, ela estava bem. A alça de sua bolsa estava em seu braço, abriu a bolsa e pegou o rádio. Chamou por Gilson, e este atendeu, parecendo acordar.

— Gilson — pediu Henrique —, telefone para a polícia, peça a eles para virem ao posto abandonado na avenida. O antigo Posto Zebu. Rápido!

Mudou de frequência e ligou para a delegacia. Marceano, de plantão, atendeu.

— Rápido colega, traga ambulância, venham todos! Preciso de reforço!

Desligou o rádio e sentou-se no chão; em seguida, deitou-se perto de Kelly e aguardou. Minutos depois, escutou barulho de sirene.

— Que barulho lindo! Como é bom escutá-lo quando se necessita dele.

Escutou carros parando em frente ao posto, barulho de pessoas descendo, correndo. Ele pegou a lanterna, que ainda continuava no chão, perto de Kelly, a fez piscar e gritou:

— Aqui! Aqui!

Viu rostos conhecidos, enfermeiros, e escutou:

— Sedem-no, por favor! Sangrou muito! Socorram os dois; os outros estão mortos e devem ficar aqui. Partam todos com a ambulância. Aqui devemos ficar somente nós da polícia.

Henrique sentiu uma agulhada e perdeu os sentidos.

O velório

Henrique acordou atordoado. Abriu os olhos devagar e percebeu que estava num leito, certamente, de hospital. Viu uma enfermeira ao seu lado esquerdo passando uma toalha molhada no seu rosto.

— Acorde! — pediu a enfermeira com voz delicada.

Olhou para ela e depois para o vulto que estava do outro lado da cama. Assustou-se.

— Você aqui?! — conseguiu Henrique dizer.

— Sim, sou eu. Por favor, enfermeira, queira nos deixar sozinhos.

O ferido ia pedir para a moça não sair, mas esta o fez, e rápido.

"Será", pensou ele, "que estão pensando que sou eu o *serial killer*? Estou sendo preso?".

— Não é o que está pensando! Não sou eu! — exclamou Henrique.

— Colega — disse a visita —, que bom vê-lo e saber que está bem.

— O que aconteceu? — perguntou ele aliviado.

"Eles devem saber que não sou eu", pensou.

— Nós o encontramos ferido. Lembra-se? Levou um tiro na coxa. A bala foi retirada. Não quebrou nenhum osso e logo estará trabalhando. Não nos deixará, não é?

Henrique olhou fixamente para o chefe.

— Por que está aqui, delegado?

Ele sorriu, olhou nos olhos do investigador e respondeu:

— Vim lhe falar o que aconteceu. Os dois estão mortos. A moça está bem, deverá sair logo do hospital. A judoca dormiu o tempo todo e não sabe o que ocorreu.

— E o que aconteceu?

— Foi o seguinte — respondeu o delegado —: Você e ele, com sua moto, foram socorrer a moça e acabaram sendo atingidos por Sebastião, o andarilho. Você ficou ferido, o outro policial morreu, e o assassino foi morto por ele. O *serial killer* era Sebastião.

— Não! Não foi assim!

— Será assim! — afirmou o delegado. — Decidimos, o comandante e eu. O confronto foi dessa maneira. Demos essa notícia para a mídia. Todos já sabem que foi assim.

— Decidiram?

— Desculpe-me, mas decidimos. Colabore conosco, por favor.

— Não costuma pedir "por favor" — Henrique comentou. — Acha isso tão importante?

— Você sabe que sim. É importante! — afirmou o delegado.

— Para quem? Com certeza para a corporação. Ter um criminoso entre seus membros não é vanglorioso, não é? Orgulho!

O delegado abaixou a cabeça e não respondeu. Henrique perguntou:

— Vocês não querem nem saber o que de fato aconteceu?

— Corrija-me se estiver errado. Você vigiava Kelly; e ele, vocês. Sebastião devia saber quem era o psicopata, talvez o tenha chantageado ou o seguia. Ele o matou com seu revólver, sedou a moça e a levou para o posto abandonado. Não contava com os rádios. Ninguém de nós sabia deles, foi a judoca quem me contou há uma hora. Você o abordou, ele atirou em você com uma arma sem procedência e pensou com certeza que o havia matado. Penso que foi ele mesmo quem atirou em si, isso para não ser pego, porque, inteligente, sabia que não conseguiria por muito mais tempo nos enganar ou a você. Então se suicidou, fazendo parecer que havia sido assassinado. Quando ele morreu, você pediu socorro.

— Concluíram com acerto. Mas, se sabe disso agora, me responda: Sabia antes?

— Claro que não! — o delegado se indignou. — Havia muitos suspeitos. Não sabíamos quem era. Tínhamos certeza, como você, de que era um policial. Estava inquieto, vigiava todos, inclusive você. Foi, para mim, uma surpresa.

— Ainda bem que, ao nos encontrar, não julgou ser eu!

— Meu instinto me dizia que não era você. Tive a certeza quando vi o carro. Fez um ótimo trabalho. Parabéns! Estou orgulhoso de você. Por isso lhe peço, atenda ao nosso pedido.

— Quanto tempo dormi?

— Agora — respondeu o delegado consultando o relógio — são nove horas da manhã. Dormiu a noite toda. Voltando ao assunto: você confirmará nossa história, certo? Vocês dois foram atrás da moça, encontraram-na no posto, Sebastião atirou em você e nele mesmo, e ele no Sebastião, que morreu. Você ferido, pediu socorro e, quando chegamos, os dois estavam mortos.

— E se ele não tivesse morrido?

— Aí, infelizmente, não teríamos como esconder, ele seria preso. Mas ele morreu. Acabou. O caso será logo encerrado.

— Onde ele está?

— No velório municipal — respondeu o delegado. — Por favor, seja compreensivo. Você ficará aqui internado por uns dias. A mídia não o incomodará, cuidaremos de tudo. E, enquanto estiver aqui, pense no nosso pedido.

O delegado levantou-se, abriu a porta e chamou:

— Enfermeira! Pode dar agora o remédio para ele, por favor.

A moça entrou no quarto, sorriu para eles, pegou dois comprimidos, um copo com água e aproximou-se do ferido, que perguntou:

— Para que são esses remédios?

— Um é para tirar as dores, e o outro, para não deixar o ferimento inflamar — respondeu a enfermeira abaixando a cabeça.

Henrique percebeu que ela mentia.

"Com toda certeza", pensou ele, "ela está me dando um sonífero, e dos fortes. O delegado me quer adormecido".

Pegou os comprimidos e o copo d'água, fez que os havia colocado na boca, mas os deixou entre os dedos, e tomou a água.

A enfermeira acomodou-o no leito, apagou a luz, e somente uma fraca claridade entrava pela janela. O delegado se despediu.

— Descanse, colega, e se recupere logo!

Saíram os dois do quarto. Henrique ficou quieto por uns cinco minutos; em seguida, levantou-se com cuidado, estava se sentindo atordoado. Ficou por uns instantes de pé ao lado da cama, depois andou devagar até o banheiro. Assustou-se quando se olhou no espelho: seus cabelos estavam despenteados, e a barba crescida lhe dava um ar de doente. Tinha dois ferimentos no rosto, um pequeno corte na testa e outro no queixo, arranhões, e sua face esquerda estava um pouco inchada.

"Não me arranhei mais porque estava com a jaqueta de couro", pensou.

Jogou os comprimidos no vaso sanitário. Lavou o rosto demoradamente e se sentiu mais desperto.

"Vou ao velório", decidiu.

Voltou ao quarto, colocou o travesseiro na vertical na cama e o cobriu.

"Se alguém der somente uma olhada, pensará que estou dormindo. Mas como ir ao velório? Com toda certeza não me deixarão sair daqui. Terei de fugir. Mas como? Estou com o pijama do hospital."

Abriu o armário. Sua roupa estava lá. A camisa estava até limpa. Seu casaco de couro estava muito danificado, com uma das mangas rasgadas e sujíssimo. A calça estava toda ensanguentada. Procurou por todo o armário e encontrou uma calça masculina.

"Que sorte! Posso vesti-la! É melhor do que a minha que está suja. Depois a devolvo. Deve ser de algum interno ou a esqueceram."

Vestiu-a, ficou larga, mas ele achou que dava certo. Colocou sua camisa. Seus sapatos também estavam lá, limpou-os com papel higiênico e os calçou sem as meias, pois estas estavam imundas.

"Pelo que estou vendo nas minhas roupas, perdi muito sangue."

A perna estava enfaixada e doía quando a movimentava. Tentou se arrumar do melhor modo que conseguiu e melhorou seu aspecto.

"Ainda bem que minha carteira ficou aqui."

Verificou, estava tudo lá, e tinha dinheiro.

Cuidadosamente, abriu a porta e espiou, tinha pouco movimento no corredor.

"O delegado me internou numa ala do hospital sossegada. Talvez seja no isolamento ou nos quartos luxuosos. Num apartamento bom e sozinho, para não conversar com ninguém, para não falar nada. Direi a verdade. Os dois chefes não podem decidir sozinhos os acontecimentos e mudá-los. Como duvidaram de mim, podem continuar duvidando. Não sou culpado e não quero levar a culpa. Que cada um pague pelos seus erros. E que erros! Penso que tirar alguém da vida física é uma das piores maldades. Sinto muito, delegado, a verdade é para ser dita. Vou pessoalmente ver o que está acontecendo."

Tentando não mancar, saiu do quarto com naturalidade, passou pelo corredor e, aproveitando que algumas pessoas saíam, juntou-se a elas e passou facilmente pela portaria.

O ferimento doía, mas não mancou. Aliviado, até suspirou com o ar fresco. Dirigiu-se ao ponto de táxi e entrou no primeiro disponível.

— Para o velório municipal, por favor — pediu ele.

Chegaram logo, Henrique pagou e desceu do veículo. Viu alguns colegas conversando numa rodinha em frente a uma sala. Novamente, aproveitando-se de que algumas pessoas se dirigiam para os locais de velório, juntou-se a elas e se esforçou para caminhar normalmente.

Ao passar pelas salas, lia os nomes de quem estava sendo velado; entrou na que interessava, e as pessoas seguiram para outro lado. Lá, não viu nenhum colega. Sentou-se no canto esquerdo. Foi um alívio se sentar. Ali estavam umas vinte pessoas que ele não conhecia, pareciam ser parentes da esposa dele e vizinhos.

Todas as salas de velório daquele cemitério eram parecidas. Um cômodo retangular, com bancos de alvenaria dos lados e, no centro, o caixão. Havia na porta várias coroas e vasos de flores. Quatro velas estavam acessas. As pessoas ali presentes não prestaram atenção nele, e algumas conversavam baixinho.

"Velórios são sempre tristes!", pensou ele.

Depois de observar tudo e todos, resolveu orar.

"Deus, tenha piedade dele! Perdoe seus pecados e..."

"*Basta!*", Henrique escutou a voz. "*Não ore por ele! Não você! Como tem coragem de rogar por ele? O assassino quis matá-lo. Morreu pensando ter lhe tirado da vida física.*"

"Todos nós precisamos de oração", respondeu Henrique em pensamento. "Estava sumido! O que faz aqui?"

"*O que fazemos aqui, não estou sozinho. Estamos vigiando-o. E nós não o abandonamos, somente não o perturbamos mais porque, com a gente falando e você respondendo, estava ficando perigoso, suspeitavam muito de você. Mas estávamos atentos e, como estava se saindo bem, ficamos somente observando-o.*"

"Pensei que tinham se afastado por eu estar indo ao centro espírita."

"*Também foi por isso, não gostamos de lá, não fomos lá porque não queremos perdoá-lo. Não antes que ele pague pelo que fez.*"

"Vocês têm certeza mesmo de que precisam se vingar? Todos nós pagamos pelos nossos erros", o investigador tentou orientá-los.

"Por favor, não venha com lições de moral. E não ore por ele. Se não fosse o nosso empurrão, talvez você estivesse morto. Ele o teria matado sem remorso. Por pouco, o plano dele não deu certo."

"Se tivesse morrido, o que você acha que aconteceria comigo?", Henrique quis saber.

"Com certeza, seu pai o ajudaria, ou o pessoal desencarnado do centro espírita aonde está indo. Teria desencarnado no cumprimento do dever."

"Vocês não me ajudariam?"

"Somente tentaríamos ajudá-lo se ninguém mais o fizesse. Não sei ajudar", Mário, o desencarnado, respondeu com sinceridade.

"Mas me empurraram."

"Infelizmente, estou sendo sincero, não fizemos isso por você. Fizemos por nós. Você vivo, encarnado, naquele momento, valia mais para nós."

"Mesmo assim, agradeço. Mas como conseguiram me empurrar?"

"Com sua energia", explicou a voz, *"pois tem muita potencialidade mediúnica, e, com a nossa vontade, conseguimos empurrá-lo. Mas vamos falar do que interessa. É genial a sua decisão de falar a verdade. É isso aí! Embora nos interessemos somente por ele, deve ser desmascarado. Nada de herói!".*

Henrique não estava interessado no que eles pensavam e mudou de assunto.

"E o outro? O andarilho Sebastião está sendo acusado pelos crimes."

"*Ele não é inocente! Matou quatro pessoas e não foi preso. Tudo por brigas e bebedeiras. Ele não nos interessa. Nem está sendo velado. Escutei comentários de seus colegas de que não haviam encontrado nenhum parente dele, que será enterrado como indigente e, pelo que ouvi, vão até levá-lo para outra cidade porque algumas mães das moças assassinadas não querem o corpo dele no mesmo local em que as filhas foram enterradas. Ele terá o que merece! Quem não o perdoou que cuide dele.*"

"E se ninguém quiser se vingar dele, o que acontecerá com Sebastião?", Henrique quis saber.

"*Não pense que será fácil para ele. Todos nós temos o que merecemos com a morte do corpo físico. O primeiro susto será continuar vivo e, depois, receber de volta o que de mau fez. Com toda certeza, esse andarilho assassino sofrerá assim como fez os outros sofrerem.*"

"O que vocês farão com ele? Com o assassino das órfãs?"

"*Ele*", respondeu Mário, o desencarnado, "*está tentando se esconder no corpo carnal. Não quer se afastar dele. Mas não tem escolha. Vamos tirá-lo da carcaça morta e levá-lo para uma zona trevosa, que muitos chamam de 'umbral'. Lá, vai sofrer.*"

"Não seria melhor deixá-lo à sua própria sorte? Para vocês não seria melhor? Poderiam se dedicar ao bem e ser felizes."

"Você não sabe o que é melhor para nós, portanto não dê palpites. Estou, estamos, falando com você pela última vez. E lhe agradecemos. Aceite nosso 'muito obrigado'. Se precisar de nós, tentaremos retribuir o favor. Ajudou-nos!"

"Não precisarei, não quero necessitar deles", pensou o moço.

Mas se esqueceu de que estava conversando pelo pensamento. Mário e os amigos escutaram-no.

"Você não deveria afirmar isso. Não se sabe o dia de amanhã. Não nos queira mal. Foi nosso amigo. Não nos menospreze."

"Não é isso!", Henrique tentou se justificar. "É que não quero me envolver com os mortos. Bastam as complicações dos vivos."

Escutou risadas.

"Seu grupo teria me ajudado mais se tivesse me dado algumas dicas."

"Pois as demos", afirmou Mário.

"Como?"

"Raquel lhe contou que o agressor havia dito palavras, frases incompletas. Depois, sua namorada o lembrou de que você havia se encontrado, naquela noite, no galpão, quando a deixou sozinha, com alguém. Conversando com a Cida, a feirante, ela lhe disse do 'fácil'. E a palavra 'fracasso'? Por que não lhe deu a atenção devida? Se você tivesse prestado atenção nestes detalhes, teria desconfiado."

"Era difícil!", respondeu Henrique em pensamento.

"Tudo bem, nós o entendemos. Gostamos de você! Sairá mesmo da polícia?"

"Decidi."

"Será uma pena", lamentou a voz. *"A polícia precisa também de trabalhadores honestos e capazes. Vamos nos despedir. Iremos embora. Vamos levá-lo. Quer ver?"*

Henrique não teve tempo de responder. Viu, em cima do caixão, vultos negros pegando o espírito do corpo físico morto, que, assustado, gritou. Foram gritos de pavor. O investigador arrepiou-se e estremeceu. Foi tudo muito rápido. O moço olhou por toda a sala, tudo normal. Levantou-se com dificuldade e se aproximou do caixão. Olhou e, por instantes, pareceu que o rosto do tenente Hipólito estava com a expressão desesperada. Fechou os olhos e os abriu novamente, viu somente um cadáver sério.

Aproximaram-se dele Maura e os filhos. Ela abraçava-os, estava com o braço direito afagando Ester e, com o esquerdo, João Vitor. Olharam-se. A esposa do tenente o encarou, havia súplica em seus olhos. Ela não conseguiu falar nada. Os três o olharam, estavam com os rostos inchados de chorar. Ficaram por segundos frente a frente, calados, somente se olhando.

Veio à mente dele a figura de seu genitor morto.

"Tem um culpado e muitos inocentes", pensou ele. "Inocentes! Devo tratá-los como gostaria de ser tratado. Eu, com doze anos, estive neste velório, no enterro de meu pai. Meu paizinho era, foi, um genitor perfeito para mim. Amo-o até hoje. Nem naquela época, nem agora, eu gostaria de saber que ele havia cometido atos errados. Faça ao outro o que gostaria que lhe fizesse! Devo seguir o ensinamento de Jesus?"

— Sei, Henrique — disse Ester —, que você estava com papai. Pegaram o bandido. Papai o matou, e este maldoso assassinou nosso paizinho.

— Papai! — exclamou João Vitor. — Ele foi um herói, não foi?

Maura não tirava os olhos dele. A súplica muda fez com que Henrique se arrepiasse. Ester puxou-o pela camisa, ele se abaixou, e a garotinha beijou seu rosto. Lágrimas rolaram pelo rosto do moço. Emocionado, ele beijou a cabeça da menina. Olhou para João Vitor e respondeu.

— Sim, seu pai foi!

Alívio no olhar de Maura, as lágrimas corriam abundantes pelo seu rosto, e ela, como não quisesse deixar de abraçar os filhos, não as enxugou. Henrique beijou a cabeça do menino.

— Preciso ir embora — conseguiu dizer.

— Entendemos — falou a menina. — Você está ferido.

Os quatro olharam para sua perna, o ferimento estava sangrando, e uma mancha já se fazia visível na calça.

— Obrigado por ter vindo — disse João Vitor.

Ele percebeu que as crianças imitavam a mãe, agradecendo o carinho das pessoas.

Olharam-se novamente.

"Se somos", pensou o moço, "provados nas pequenas coisas o que aprendemos, penso que passei nesta provinha. Fui benevolente! Sinto-me bem. Penso que estou agindo certo."

Henrique afastou-se devagar, saiu da sala, viu os colegas conversando à frente, abaixou a cabeça e tentou caminhar de modo a dar as costas para eles e sem mancar. Afastou-se rápido. A perna doía, sentia o sangue quente escorrer pela perna. Foi para o ponto de táxi, entrou num carro, enxugou as lágrimas do rosto e passou seu endereço.

Foi para sua casa.

Explicações

Muitas vezes nos emaranhamos em erros que necessitamos ter por companhia a dor, e esta não é punitiva, mas tenta nos ensinar para termos acertos futuros. Neste emaranhado, sentimo-nos atados, e não é fácil nos livrarmos das próprias amarras que criamos pelo nosso livre-arbítrio. A plantação é livre, porém a colheita é obrigatória. Plantar vento não é difícil; entretanto, complica-se quando se colhe tempestade.

Hipólito contou a Henrique a verdade. Aconteceu tudo o que ele narrou. Fatos parecidos poderiam ter ocorrido com outras pessoas, e cada uma delas teria agido de maneira diferente. Por que isso? A resposta está no passado. Na herança reencarnatória de cada um. Para compreender melhor este *serial killer*, pesquisei seu passado.

Hipólito e o espírito que foi sua mãe na última encarnação, já haviam estado juntos outras vezes, mas foi na antepenúltima que ocorreram fatos mais marcantes. Os dois reencarnaram numa mesma cidade e, adolescentes, se encontravam escondidos; ela não queria assumir o namoro, queria se dar bem com uma pessoa de mais posses financeiras. Essa pessoa surgiu, era um rico comerciante; ela fez de tudo para conquistá-lo e acabou se casando com ele. Meses depois de casada, levou Hipólito para trabalhar em sua casa e ambos se tornaram amantes. Assim, viveram por anos, o marido viajava muito e se embriagava com frequência. Para este envolvimento não ser descoberto, eles mataram, ou Hipólito matou, três pessoas, outros empregados da casa, porém era ela quem planejava os crimes. Ele também, pelo mesmo motivo, assassinou um filho dela, que nunca ficaram sabendo se era dele ou do marido. Os dois primeiros crimes, ele sentiu, não gostou de tê-los praticado, mas depois o fazia sem remorso. Ela ficou viúva e, em vez de ficar com ele, como Hipólito pensava, resolveu se casar com outro, um pretendente rico. Ele a matou, fugiu dali, foi viver numa floresta, e ela obsediou-o Quando Hipólito desencarnou, os dois ficaram por muitos anos no umbral, no começo com raiva um do outro, mas logo se entenderam e ficaram vagando juntos, porém sofreram e se arrependeram. Foram socorridos depois de muito tempo, ficaram somente por um curto período num posto de socorro e reencarnaram longe um do outro. Ela teve uma vida difícil, mas, esperta e sem escrúpulos, tentava se safar dos problemas, desencarnou muito jovem, foi assassinada.

Ele reencarnou deficiente físico, tinha uma perna mais curta que a outra, e isso o fazia mancar; os braços eram atrofiados, era baixo, fraco e falava com dificuldade. Nasceu numa família numerosa e foi bem tratado pelos pais. Porém, os irmãos tinham vergonha dele e costumavam zombá-lo. Revoltado, ele os odiava. Não gostava de ninguém, sentia raiva dos pais por ter sido gerado daquele modo, muita raiva dos irmãos por serem sadios e dos cunhados e sobrinhos. E pensava sempre em como poderia matá-los. Era sua distração preferida; normalmente, como ele tinha crises de asma, imaginava-se matando-os devagar, por sufocamento.

Sempre somos alertados para termos cuidado com nossos pensamentos. Atraímos o que pensamos. Nunca devemos mencionar, nem que seja "da boca para fora", como se costuma dizer sobre o falar sem sentir realmente, coisas como: "Quero que morra!"; "Mato você!"; "Que vontade de matar!"; "Odeio!" etc.

Hipólito, nessa encarnação como deficiente, não matou ninguém porque seu físico não lhe permitiu, não conseguiu, porém pensou muito nisso e desejou. Sofreu, teve dores, a asma lhe dava muita falta de ar. Não foi grato aos pais, nem à sua família. Aprendeu pouco com o sofrimento. Desencarnou e ficou vagando pelo seu antigo lar, até que foi socorrido pelo espírito que havia sido sua genitora nessa reencarnação. Neste socorro, tentou se melhorar, teve o propósito de ser uma pessoa melhor. Planejou ser policial na tentativa de não ser marginal. Ele culpava aquele espírito que havia sido sua amante pelos seus erros. Normalmente se faz isso: é bem mais fácil colocar a culpa em outras pessoas do que assumir nossos erros.

Nesta última oportunidade, reencarnaram como mãe e filho, porque este parentesco físico é uma das maneiras mais puras de se amar. Falharam, não conseguiram sentir o amor maternal e filial. A mãe dele, quando desencarnou, foi levada para o umbral pelo marido, que a odiava e por anos a castigou. Quando ele se sentiu vingado, abandonou-a, e ela se enturmou por lá, esquecendo-se do filho. A vontade de matar despertou forte nele ao ficar adulto.

Em muitos assassinos matar é como um vício. Sentem-se bem depois de tirar a vida física de outro. É como droga. Com a diferença de que, normalmente, o alcóolatra e o toxicômano prejudicam a si mesmos, embora também façam sofrer os familiares. O vício de matar faz muito mais mal. Doentes? Todos os viciados são. Porém, são doenças adquiridas pelo livre-arbítrio, de sua plantação, e não escaparão da colheita. É o caso dos psicopatas assassinos. Lembro-os, leitores queridos, de que o corpo carnal é cópia do períspirito. E espírito doente, corpo enfermo; neste caso, mente enferma. Muitos pesquisadores, ao analisar somente o físico, não conseguem chegar a um resultado. Somente o farão quando entenderem que é o espírito e não o cérebro quem comanda.

Normalmente existem causas com as quais os assassinos tentam se desculpar, mas pouquíssimas justificativas são aceitas. Todos os erros têm consequências. Para aqueles que têm consciência de seus erros, certamente, os açoites serão em maior quantidade e também mais dolorosos. Somente neutralizamos nossos erros com amor traduzido em boas ações.

Hipólito foi realmente levado para o umbral, para o local onde o grupo que o aguardava havia preparado para ele. Anos se passaram, fui visitá-lo: muitos daqueles espíritos o perdoaram e foram cuidar de suas vidas; outros sabem que logo ele será socorrido e certamente reencarnará. Estão à espera deste acontecimento para, no físico, obsediarem-no. Almejam que ele sofra encarnado. Silvana e seus pais, a mãe já desencarnou, têm tentado auxiliar aqueles que foram vítimas e se tornaram algozes, explicando que talvez eles tenham recebido uma reação a algo que fizeram ou que tenham passado por uma prova. Muitos continuam não querendo se desemaranhar, sofrem e fazem sofrer. O trio de benfeitores, Silvana e seus pais, também tentam ajudar Hipólito e penso que logo conseguirão. Amam-no e estão fazendo o bem a quem muito os fez sofrer. Que bela lição de benevolência!

Assassinos têm suas histórias e muitas vezes tentam se justificar com elas. Estudando esses fatos, conheci um jovem encarnado que é ladrão e assassino. Mora em uma grande cidade onde há muita violência. Costuma dizer que essa atividade é seu trabalho, assalta à mão armada. E, quando acontece de ele assaltar e a vítima ser homem, claro, um pouco acima do peso e colocar as mãos na cintura ao pegar a carteira, ele atira e mata. Seus companheiros não gostam dessa violência, e ele tem ficado mais sozinho. Analisando-o: ele, quando pequeno, morava com a mãe, que teve muitos companheiros; tinha quatro irmãos, sendo todos de pais diferentes. O companheiro da genitora que o traumatizou era gordo, claro e batia muito em sua mãe e neles com a cinta. Ele prometeu que quando ficasse adulto, mataria aquele homem. Não o fez, alguém o matou. E, quando ele se vê diante de alguém que o faz lembrar aquele homem e, ao pegar algo em que leve a mão à cintura, tem a sensação de que a pessoa vai surrá-lo e atira. Sente-se aliviado, como se tivesse assassinado o ex-

-companheiro da mãe. É somente com ele que acontece isso. Os outros irmãos sofreram igualmente, um deles é também assaltante, mas nunca matou ninguém, e os outros três são honestos e trabalhadores. No passado, esse moço, em outras reencarnações, sempre foi rancoroso, matou e espancou muitas pessoas. Sente ainda muito ódio desse desafeto e se satisfaz matando pessoas parecidas com ele. Infelizmente, já ouvi pessoas falarem: "Matei e, se fosse possível, mataria novamente". E isso pode se concretizar. Atraímos o que pensamos e muito mais o que falamos.

Aquele que tira um espírito da vida física, matando seu corpo carnal, deve ser responsabilizado. E a caridade para com ele seria regenerá-lo. Um viciado em matar, um *serial killer*, deve ser afastado do convívio social, e a sociedade deveria tentar auxiliá-lo com fraternidade e benevolência.

E as moças vítimas deste acontecimento trágico? Normalmente, como vimos naqueles que não perdoaram, passa-se fácil de vítima a algoz. Conversei somente com Silvana. Ela, que auxiliou muito a todos os envolvidos nestes acontecimentos e tentou, no que foi possível, ajudar; me contou que Maristela, a quarta órfã, e ela passaram por provas. Conseguiram. E Silvana fez mais, amou. Lucinda, a enfermeira, havia sido assassina em sua encarnação anterior; tinha escolhido por profissão ser enfermeira para tentar salvar vidas. Porém, seu espírito a cobrava, sentia necessidade de resgatar seu ato errado com reação parecida. Ela também perdoou e foi socorrida. Maria Isabel ficou com o pai, Mário, não perdoou. Ela, no passado, foi uma assassina cruel, não se interessou pelo que fez e deu muita importância ao que lhe fizeram. As três primeiras vítimas, as que foram assassinadas na outra cidade, também tiveram um desencarne violento para um aprendizado, para aprender a dar valor à vida física delas e de outros. A segunda moça morta tinha sido suicida anteriormente. Nada acontece por acaso. Tudo tem motivo. O importante é fazer o bem, plantar boas sementes e agir como Henrique: ser aprovado nos pequenos atos para não necessitar colher dores nem ter provas grandes e difíceis.

Mário e os companheiros não conseguiram falar a Henrique, nem a ele mesmo nem por meio de outros médiuns, quem era o assassino, porque, para os portadores da faculdade mediúnica, é muito difícil captar algo que seu cérebro físico desconheça. Muitos estudiosos afirmam ser impossível.

Infelizmente, muitos médiuns se deixam ser vencidos pela vaidade. Como seria se eles pudessem captar datas e nomes com precisão? Sentiriam-se poderosos? Aguentariam mais esse peso? Deus fez tudo muito bem feito. A desencarnação não muda ninguém, mudamos somente quando queremos. Um encarnado que gosta de fofocas desencarna, continua as apreciando e, se pudesse falar tudo o que sabe aos médiuns imprudentes, os que ainda não aprenderam a ser discretos, nosso convívio seria, com certeza, mais complicado.

Francisco Cândido Xavier se dedicou a trazer mensagens de desencarnados a pedido de encarnados. Fez isto depois de treinar por anos, vencer a vaidade, aprender a fazer por amor e não mais por sacrifício ou porque tinha de fazer. Então, ele conseguia captar nas suas mensagens nomes e datas que desconhecia. Raro efeito. A maioria dos portadores da mediunidade da psicografia escrevem histórias, causos que são mais fáceis, e muitos se preparam no período em que estiveram na erraticidade para fazer isso. Quando um desencarnado quer que o médium encarnado tenha conhecimento de um fato, tenta fazê-lo por associação: ver ou ouvir algo que o leve a lembrar de alguma coisa. Usa até de outras pessoas para lhe falar sobre um assunto que o faça lembrar de outro.

Mário e os companheiros não conseguiram, pelos médiuns envolvidos na história, dizer quem era o assassino. Celeida não conseguiu, nem a trabalhadora da seara umbandista, nem a do centro espírita, pelo fato de seus cérebros físicos não conhecerem o assunto. Embora Henrique tivesse mediunidade em potencial, não conseguiu captar, talvez por não querer que fosse aquela pessoa. Fez um bloqueio até para as associações.

A mediunidade necessita ser aprimorada pelo treino e muito, mais muito mesmo, pelo amor. E ela não pode ser anulada pela vaidade. Somente assim dará doces e agradáveis frutos.

Henrique tem razão, é no nosso dia a dia que provamos que aprendemos as lições evangélicas que recebemos. Se passarmos nas pequenas provas, não necessitaremos ser provados das formas mais difíceis. Ele fez aos outros o que gostaria de receber. Foi benevolente.

O intuito de ter escrito esta história verdadeira é o de aprofundar neste texto a caridade para com os criminosos. São os doentes que necessitam de médico, do Divino Médico Jesus.

Atualmente, há muita violência e, mais do que nunca, necessitamos vivenciar as lições de Jesus. Convido os leitores a estudar *O Evangelho Segundo o Espiritismo* e dar atenção ao capítulo 11, "Amar o próximo como a si mesmo".

Recuperando

Henrique estava atordoado, sua boca estava seca, sentia o sangue quente escorrendo pela perna, e o ferimento doía.

Foi um alívio quando chegou em casa, pagou o táxi e desceu. Na porta, gritou pela mãe, assustando-a.

— Meu filho! O que está fazendo aqui? Deram-lhe alta?

— Não, saí... Tive de ir vê-lo no velório.

— Entendo, eram amigos — falou a mãe. — Mas não é melhor voltar ao hospital? Vi você de madrugada, estava dormindo. O médico me garantiu que estava bem. Ia à tarde ao hospital para ficar com você. Márcio está aqui. — chamou: — Márcio!

Henrique sentou-se numa poltrona na sala. Dona Isaura se apavorou ao ver sangue na calça que o filho estava vestindo. O irmão veio correndo.

— Por que está aqui? — perguntou Márcio ao irmão.

— Saí do hospital.

— Fugiu?

— O melhor é dizer que saí sem permissão. Sentia-me bem e queria ir ao velório.

— Passei aqui — explicou Márcio — para levar mamãe ao velório, para ela abraçar Maura e as crianças. Depois ela ia ao hospital. Não é melhor você voltar?

— Não. Decidi. Não volto ao hospital. Vocês dois me ajudarão. Por favor, Márcio, vá ao hospital, diga ao médico que me atendeu que saí e não volto por nada. Para ele fazer o favor de me dar uma receita dos remédios que tenho de tomar. Depois, vá comprar os remédios como também tudo o que for preciso para fazer os curativos. Estou com fome. Mamãe, traga para mim um copo de leite e pão com manteiga, por favor. Em seguida, vou tomar banho. Sinto-me sujo. Enquanto me banho, Márcio me fará este favor; depois, mamãe me fará os curativos; e eu prometo fazer repouso, ficar deitado.

Ambos, mãe e irmão, sabiam que, quando Henrique decidia algo, por nada mudava de opinião.

— Não falem a ninguém que estou aqui — pediu o ferido. — Escondam-me! Não quero que os jornalistas saibam. Não quero dar entrevistas.

— Vou agora fazer o que me pediu — decidiu Márcio. — Seu ferimento sangrou e deve estar doendo. Tchau!

Márcio saiu e dona Isaura lhe trouxe uma bandeja com os alimentos de que ele gostava. O jovem comeu com apetite.

— Meu filho, não fique triste. Tenho certeza de que você fez de tudo, tanto para prender o assassino como para defender seu colega.

— Sei disso, mamãe. Fizemos o que tinha de ser feito.

— Ainda bem que está pensando assim. Estava temerosa, pensando que você ficaria muito arrasado. Penso que cada um tem seu tempo aqui na Terra, hora certa para morrer. Você viu a Maura e as crianças?

— Vi, sim. Eles ficarão bem. Mulheres fortes e honestas conseguem criar filhos sozinhas. A senhora é um exemplo!

Henrique foi tomar banho, a mãe ajudou-o. Sentiu-se bem com a água caindo sobre ele.

"Que esta água me lave de toda a sujeira. Não quero ter terra daquele lugar em mim."

Vestiu um pijama. A mãe tirou o curativo sujo de sangue, colocou uma gaze em cima. Logo Márcio retornou acompanhado de uma mulher, que se apresentou:

— Sou a doutora Edna, vim aqui para examiná-lo e lhe fazer um curativo. Não quer mesmo voltar para o hospital? — com a negativa do ferido, ela continuou a explicar: — O diretor do hospital me pediu para vir aqui. Percebemos que você fugiu e o delegado foi avisado, mas, em seguida, seu irmão veio nos comunicar onde estava. O delegado conversou com nosso diretor, e este, como falei, me mandou aqui.

A médica examinou-o.

— Você está bem. Vamos aos curativos.

Começou pelos arranhões e depois cuidou do ferimento na perna. Quando terminou, fez a receita e entregou a Márcio.

— Compre estes remédios. E você, senhor fujão, deve ficar em repouso. Levante somente para o necessário. Amanhã uma enfermeira virá lhe fazer o curativo e ensinará dona Isaura a fazê-lo. Virei aqui para tirar os pontos daqui a oito dias. Qualquer novidade, me chame.

Despediu-se e saiu.

— Eu irei ao velório — determinou Márcio —, direi a Maura que a senhora, mamãe, está com meu irmão e que não pode ir. Ela entenderá.

Márcio saiu, e dona Isaura fez o almoço. O ferido ficou quieto, sentou-se numa poltrona e deixou as pernas esticadas num pufe. Almoçou bem. Telefonou para a namorada avisando onde estava e pediu segredo. Depois foi dormir. À tarde, Raquel foi visitá-lo

À noite, Henrique pegou *O Evangelho Segundo o Espiritismo* para ler e deixou marcada a parte em que estava: "Caridade para com os criminosos".

"Este trecho será a luz na minha estrada. Gosto muitos destes ensinamentos. Parece que foram escritos para mim. Vou aproveitar estes dias em que tenho de ficar escondido e em repouso para ler e estudar estes livros."

E foi o que fez. Ficou quieto para não preocupar a mãe e também porque sentia dor ao se movimentar. A enfermeira foi no outro dia fazer o curativo e, nos dias seguintes, foi a mãe quem o fez.

No terceiro dia, Márcio foi vê-lo e trouxe os jornais.

— Você não quer, meu irmão, nos contar, a mim e à mamãe, o que aconteceu naquela noite?

— Vou ler primeiro os jornais.

Como o delegado havia lhe falado, a mídia anunciou com destaque as mortes de Sebastião e do tenente Hipólito. Um como assassino cruel e o outro como herói. Falaram dele também, que ficou ferido. Uma jornalista, muito inteligente, perguntou ao comandante sobre o carro. Ele respondeu que era do andarilho e que Sebastião não era pobre, tinha algum dinheiro. A jornalista duvidou, comentou achar improvável essa possibilidade. Outro jornalista indagou como dois policiais treinados foram atingidos por um psicopata sozinho. Mas todos deram destaque ao enterro, que contou com uma salva de tiros e diversas autoridades. Escreveram que o investigador que havia participado estava ferido e não puderam entrevistá-lo.

Henrique, depois que leu tudo o que saiu nos jornais sobre o ocorrido no posto abandonado, resolveu falar com o irmão e a mãe.

— O que aconteceu foi exatamente o que os jornalistas escreveram. Ele e eu vigiávamos a judoca e os seguimos. No posto, vimos a moça deitada, e o andarilho nos atacou, atirou em mim e nele, que revidou e o matou com um tiro no peito. Ferido, pedi ajuda pelo rádio. Foi isso. Ocorreu como os repórteres narraram.

— O que importa, meu irmão — comentou Márcio —, é que estes crimes cessaram e que você está vivo. Talvez, na ânsia de salvar a moça, não tenham ficado alertas o suficiente e foram atingidos. Um segundo de bobeira. Você, intimamente, está bem?

— Estou, sim, Márcio. Não se preocupe. Queria ter posto fim nestes assassinatos antes. Houve muitas vítimas. Acabou, é isso o que realmente importa. Não quero falar mais sobre o assunto. Foi um período triste que quero esquecer.

— Prometo não tocar mais nisso — concordou Márcio.

E, de fato, o irmão não falou mais com ele sobre este acontecido.

Henrique compreendeu que, nas explicações, haviam ficado lacunas e, para muitas pessoas, algumas peças não se encaixavam. Sua mãe e irmão o conheciam bem e entenderam que ele não contara tudo. E não iria fazê-lo. Não contaria a ninguém o que de fato ocorreu. Muitos poderiam imaginar, mas a verdade seria seu segredo. Para todos, o que aconteceu foi o que os jornalistas noticiaram.

Os colegas da delegacia telefonaram para saber dele. Era dona Isaura quem atendia porque o telefone ficava na parede e Henrique não podia ficar de pé, estava realmente fazendo repouso.

No quinto dia, Márcio chegou para vê-lo e lhe deu a notícia:

— Seus colegas fizeram uma grande apreensão de cargas roubadas, dizem que também encontraram drogas e cigarros contrabandeados. Foram presos dois comerciantes conhecidos da cidade e muitas pessoas.

Henrique entendeu que, para desviar atenção dos assassinatos das órfãs, as polícias civil e militar haviam antecipado essa apreensão. Estavam há meses investigando, tentando obter provas sobre a quadrilha para que tudo desse certo. O comandante e o delegado com certeza resolveram antecipar a operação militar. Foi uma boa estratégia: os jornais deram atenção ao escândalo envolvendo pessoas conhecidas que compravam mercadorias roubadas e se esqueceram dele e do *serial killer*.

Logo depois que Márcio foi embora, tocou a campainha, dona Isaura foi atender e entrou na sala com um envelope na mão.

— Isso é para você, meu filho. Um jovem de moto, um mensageiro, veio entregar.

Ele pegou e examinou; era um envelope comum, branco, no qual estava escrito seu nome e endereço, não havia remetente. Esperou sua mãe voltar à cozinha para abri-lo.

Leu e releu a mensagem, era de poucas linhas. Estava escrito: "Henrique, estou de mudança, vamos hoje à tarde para a cidade em que minha família mora. Mil 'obrigadas' seriam pouco para agradecer-lhe. Aceite nosso agradecimento de coração e receba nosso abraço. Desejamos que se recupere logo. Maura, João Vitor e Ester".

"Ela sabe! Desde quando?", pensou o moço. "Com certeza, duvidava, não queria admitir a hipótese de que seu esposo fosse um assassino. A dúvida deve ter aumentado quando ele pediu para ela dizer, se eu perguntasse, que na tarde em que Lucinda, a enfermeira, havia sido assassinada, que ele estivera em casa. Talvez ela o sentisse inquieto, angustiado e, depois dos crimes, calmo. Certamente foi juntando dados. Amando-o e, como pai de seus filhos, queria estar enganada. Teve certeza com a morte dele. Por isso seu desespero quando me viu. Maura sabia que eu havia presenciado tudo e preferiu, pelos filhos, concordar com a versão do comandante e do delegado."

Rasgou a mensagem, pediu à mãe para jogar os papéis picados no lixo e contou:

— É de Maura, ela me informa que está se mudando para a cidade em que sua família reside.

— Ela faz bem! Viúva, com dois filhos, tem mais é que ficar perto de sua família. Eles com certeza a ajudarão.

Henrique desejou ardentemente que Maura continuasse sendo boa mãe, que as crianças nunca soubessem a verdade e que pensassem sempre que o pai havia sido um herói.

Naquela noite, Márcio, esposa e filhos, Raquel, dona Maria da Glória, dona Isaura e ele fizeram uma oração de agradecimento. Henrique leu um texto de *O Evangelho Segundo o Espiritismo*, e a namorada orou a "Prece de Cáritas".

No outro dia, estando os três sozinhos na casa, Raquel quis saber.

— Você deixará a polícia?

— Não sei — respondeu o namorado.

— Gosto de lecionar! — exclamou Raquel. — Amo realmente a profissão que escolhi. Sinto, agora que compreendo a Lei da Reencarnação, que posso fazer muito pelas crianças e jovens. Não consigo pensar em fazer outra coisa. Estava trabalhando na secretaria, mas já pedi para voltar às salas de aula. Meu querido, pense bem antes de decidir. Gostará de fazer outra coisa? Trabalhará contente em outro ramo? O perigo existe em todas as profissões. Na semana passada, o senhor José, que era padeiro, vizinho de minha casa, atravessou a rua, foi atropelado e desencarnou. Um operário da construção civil, ontem, sofreu um acidente de trabalho e também desencarnou. Antes de decidir, reflita sobre o assunto.

— Você não se importa de ter um marido policial?

— Isso é um pedido de casamento? Se é, eu aceito! — Raquel sorriu. — Quero meu bem, meu marido, contente no trabalho.

— Eu — intrometeu-se dona Isaura —, embora quisesse para você um trabalho mais tranquilo, desejo que esteja contente, fazendo o que gosta. Raquel tem razão, mesmo nas profissões mais sossegadas, existem acidentes. O que você decidir, vou aceitar.

— Vou pensar!

E de fato o fez, pensou bastante. Gostava do que fazia, da delegacia, dos colegas e de investigar. Resolveu ficar.

O ferimento não doía mais, os pontos foram tirados, e a médica afirmou que ele estava bem.

No outro dia, no horário em que sabia estar a maioria de seus amigos na delegacia, foi lá. Pegou um táxi.

Foi recebido com muito carinho. Meire foi a primeira a abraçá-lo.

— Henrique! Que bom revê-lo! Pensava em ir visitá-lo esta noite. Você está bem?

Paulo, Garcia e Marceano vieram contentes cumprimentá-lo.

— Desculpem-me! Peço-lhes que me desculpem! — pediu Henrique.

— Não precisa pedir — respondeu Paulo. — Entre amigos, não é necessário se desculpar. A situação era deveras complicada. Você fez, e muito bem, o seu trabalho.

Emocionaram-se.

— Não sei — falou Marceano — se eu faria o que você fez. Você será meu exemplo aqui dentro.

Henrique percebeu que eles sabiam o que tinha acontecido, mas não falariam, não comentariam.

— Você não nos deixará, não é? — perguntou Meire.

— Sua promessa não vale — comentou Marceano. — Promessas feitas sob pressão não valem. Algo dito sob tortura não é válido. Ninguém aqui escutou você dizer que ia nos deixar.

— Tortura? Você, novato, só fala asneira — disse Garcia.

— Foi tortura mental — justificou Marceano. — Você terá coragem de abandonar sua carreira? Deixar-nos? Virar as costas aos seus amigos fiéis?

— Vou ficar!

— Bravo!

Todos olharam para o delegado, que entrou na sala e abraçou Henrique.

— Que bom revê-lo! — exclamou o delegado. — Aguardamos o seu retorno, quero lhe dar um caso complicado. Aceita um cafezinho? Vou servi-lo.

Outros colegas se aproximaram, recebeu muitos abraços e votos para que se recuperasse e retornasse logo ao trabalho. Não querendo atrapalhá-los no horário do expediente, Henrique se despediu, e todos os colegas quiseram levá-lo para casa. Ganhou Garcia.

— Colega — disse Garcia enquanto dirigia —, sentimos sua falta. O delegado mudou, está muito dedicado ao trabalho, foi uma boa lição ele ter sido suspeito. Penso que foi para todos nós. Eu estou tendo mais paciência com minha filha e estamos nos dando bem melhor. Não quero mais ter preconceito. Resolvi aceitá-la como ela é. O filho de Paulo saiu da clínica e arrumou um emprego. Paulo está esperançoso de que ele sare. Parece que tudo voltou ao normal. Ah, o delegado e o comandante o elogiaram bastante. Estou contente pelo que decidiu. É bom trabalhar com você.

Henrique sentiu-se bem pela sua decisão, ficou contente em ver os colegas, gostava deles.

Com o carinho da mãe e da namorada, ele se recuperava rápido.

Duas semanas depois do ocorrido, Kelly e Gilson foram visitá-lo e levaram-lhe um convite.

— Meus amigos da academia — disse a moça — farão para mim uma festa no sábado à noite. Esse encontro festivo será na academia. Você será nosso convidado de honra. Salvou-me! Você e o outro policial. Não me contou que estava me vigiando na companhia dele. Pena que ele morreu! Eram amigos?

— Sim, fomos amigos — respondeu o investigador. — Não quero mais falar desse assunto. Se leu nos jornais, sabe o que de fato ocorreu.

— Entendo! — exclamou a judoca. — A perda de um amigo sempre é difícil. Mas a vida continua. Graças a Deus, estamos vivos. Vamos comemorar! Esse fato foi, para mim, uma lição. Não sou tão autossuficiente como pensava. Por favor, eu lhe peço, venha à minha festa.

— Vou, mas sob duas condições — respondeu Henrique —: de não falarem de mim e não fazerem comentários sobre o ocorrido, pois esse assunto é muito triste para mim; e de poder levar minha namorada.

— Será um prazer recebê-la. Convido também sua mãe e, se quiser levar mais alguém, fique à vontade. É uma pena atender a seu outro pedido. Mas, prometo, não vamos apresentá-lo e não falaremos o que fez. Entendo que o ocorrido lhe traga tristes lembranças. Afinal, seu colega e amigo foi morto.

A visita foi agradável. De fato, Kelly estava muito agradecida. Henrique prometeu ir à festa.

Dona Isaura não quis ir, mas Raquel foi. Foram muito bem recebidos, a festa estava agradável. No meio do evento, Gilson anunciou em voz alta:

— Kelly e eu estamos assumindo o namoro! Vamos noivar logo e casar no ano que vem.

Vivas! O casal foi aplaudido.

— Senti ciúmes dela e, pelo visto, sem motivos — disse Raquel para o namorado.

— Eu lhe falei que era trabalho. E foi graças a eu tê-la vigiado que colocamos fim nesses assassinatos.

Divertiram-se na festa. Como Kelly prometera, não comentaram o ocorrido. Mas muitos dos convidados, colegas da judoca, observaram-no admirando-o e fizeram questão de cumprimentá-lo.

No outro dia, à tarde, estando ele e dona Isaura sozinhos em casa, ela quis saber:

— Filho, você não fala do seu colega morto. Não sentiu sua morte?

— Senti muito por tudo, mamãe. Gostaria muito que tivesse sido diferente. Naquela noite, eu poderia ter morrido. Realmente, não gosto de falar ou lembrar do que aconteceu no posto abandonado. O melhor é esquecer. Depois de tantas mortes, não houve vitória.

— Se quer esquecer, não comento mais. O melhor mesmo é somente lembrar de acontecimentos alegres. Sou grata a Deus por você estar comigo.

Abraçaram-se felizes. Ele se recuperou, sentia-se muito bem e logo voltaria ao trabalho. Aguardava ansiosamente.

A palestra

Raquel e Henrique passaram a ir com frequência ao centro espírita. Logo que ele tirou os pontos do ferimento da perna, foram à tarde e, na semana seguinte, à noite. Matricularam-se no curso de estudos evangélicos e, logo que iniciasse o que ensinava a conviver e a compreender a mediunidade: Centro de Orientação e Educação Mediúnica (Coem), eles o fariam. Entusiasmaram-se com o estudo do Evangelho.

— Vou ler sempre este trecho — determinou Henrique — "Caridade para com os criminosos". Tenho o propósito de seguir este ensinamento à risca. Esta orientação tem tudo a ver comigo e com o meu trabalho.

— Gosto muito do capítulo quatro — comentou Raquel —, "Ninguém pode ver o reino de Deus se não nascer de novo". E a resposta que obtive às minhas indagações encontrei no texto "Necessidade de encarnação". A resposta da pergunta 25 é fenomenal. "É por isso que Deus dá a todos um mesmo ponto de partida, a mesma capacidade, as mesmas obrigações a cumprir e a mesma liberdade de ação. Qualquer privilégio seria uma preferência, e qualquer preferência, uma injustiça. Mas a encarnação é, para todos os espíritos, apenas um estado transitório." Entender a Lei da Reencarnação foi para mim a certeza de que Deus é justo.

— Vamos nos tornar espíritas?

— Sim, vamos. E devemos comunicar nossa decisão às nossas mães — decidiu a moça.

— Concordo, vamos contar a elas sobre isso e também sobre nós.

— O que eu era para você? E o que sou agora? — quis saber Raquel.

— Antes, você era a órfã número sete, agora é a mulher que amo e quero junto a mim.

Henrique passou a admirar Raquel mais ainda Depois do caso resolvido, percebeu o tanto que ela era independente, trabalhadora e, melhor, não o sufocava. Mesmo quando ela sentiu ciúmes de Kelly, não brigou ou o atormentou.

Felizes, fizeram planos. Na noite seguinte, reuniram-se com as mães e contaram o que haviam decidido.

— Raquel e eu — disse Henrique — vamos nos tornar espíritas. Encontramos nesta doutrina explicações para nossas indagações.

— Aproveito para contar — falou dona Isaura — que também estou mudando de religião. Quando fui com meu filho ao centro de umbanda procurar auxílio, gostei muito e tenho ido com frequência. Também me encontrei, fiz amigos e me tornei umbandista.

Dona Maria da Glória não comentou, ela era muito religiosa, gostava de sua religião. Talvez não tenha gostado de a filha se tornar espírita, mas nada falou. O importante para ela era que a filha estava feliz.

— A outra novidade — contou Raquel — é que vamos noivar. No domingo que vem faremos um almoço na minha casa, uma reunião íntima, nós quatro e nossos irmãos, e colocaremos as alianças.

— Casaremos logo — interrompeu o moço. — Escolhemos para casar o dia dezesseis de novembro. Por coincidência, fazemos aniversário no mesmo dia. Nasci anos antes, mas é o nosso aniversário e comemoraremos mais um, o do casamento.

— Daremos uma festa! — exclamou Raquel entusiasmada. — Convidaremos parentes, amigos e vizinhos.

— Moraremos na casa que Raquel herdou do pai — explicou Henrique. — Ela fica no meio do caminho, entre as casas de minha mãe e da senhora Maria da Glória. Raquel pediu para o inquilino desocupá-la, e ele prometeu fazê-lo logo. Tenho um dinheiro guardado, vamos reformá-la, comprarei nossos móveis e faremos a festa.

— Estou contente! — manifestou-se dona Isaura. — Preocupava-me com você, meu filho, não queria que ficasse solteiro. Vai ser uma bela festa!

— Para mim, o importante é que estejam bem — disse dona Maria da Glória.

A mãe de Raquel se emocionou. O namorado entendeu, ela ficaria sozinha, mas tentou animá-la.

— Moraremos perto, e as senhoras estarão sempre conosco. E, se precisarem, podem contar com a gente.

Combinaram detalhes. Felizes, organizaram tudo.

Em casa, naquela noite, dona Isaura perguntou ao filho, embora tenha prometido não tocar mais no assunto:

— Você não fala, não comenta nada sobre o que sucedeu na noite daqueles acontecimentos trágicos. Sente raiva do assassino? Ele é seu inimigo?

O moço olhou para a mãe e pensou:

"Talvez eu seja inimigo de alguém. Ele desencarnou dizendo odiar-me. Espero que um dia ele entenda e mude seu sentimento. Não quero fazer o sacrifício de amar os inimigos. Não quero tê-los! Por nada, quero tachar alguém de 'desafeto'. Quero compreender os atos errados de meus semelhantes e vê--los apenas como uma imprudência de espíritos que ainda não sabem o que fazem. Não quero ver ninguém como inimigo. Quis colocar fim naqueles assassinatos, em alguns instantes senti raiva, mas foi das atitudes dele, ainda bem que passou. Pela minha profissão, tinha de impedir que ele continuasse fazendo maldades. Não quero nunca ser como Mário e seus companheiros, que têm inimigos e os combatem com a vingança."

Dona Isaura aguardou calada o silêncio do filho. Após ele ter ficado alguns segundos pensativo, respondeu:

— Não, mamãe, não sinto raiva de ninguém. Não tenho inimigos, nem encarnados, nem desencarnados. Quero mais do que amar os inimigos, quero não tê-los. Não falo dele porque, como já expliquei, quero esquecer esse episódio.

— Você vai convidar Maura e as crianças para seu casamento? — quis dona Isaura saber.

— Não, penso que Maura quer iniciar uma nova vida e, com certeza, não é bom para eles ficarem recordando do passado. Tudo aqui é passado para eles.

Dona Isaura concordou com a cabeça.

HENRIQUE RETORNOU ao trabalho. Na delegacia, tudo voltou ao normal, conversavam, brincavam, continuavam amigos, e o investigador foi designado para um trabalho considerado difícil.

Na noite de sábado, o casal foi ao centro espírita. Enquanto esperavam pela palestra, sentaram-se, e Henrique orou. Costumava rezar, todas as vezes em que ia às reuniões, pelos dois que desencarnaram naquela noite no posto abandonado. Rogou para que eles se arrependessem de seus erros e pedissem perdão, desejou que eles se lembrassem de Deus Pai, de Jesus e sentissem um pouquinho de paz. Também orava pelo grupo que não os perdoaram, almejando que tivessem paz, que perdoassem e pedissem perdão a Deus pelos seus erros.

— Ali está dona Helena — mostrou Raquel.

— Quem? — perguntou o namorado.

— Aquela senhora que está nos olhando.

— Ah! É a mãe da Silvana.

Henrique a cumprimentou. Naquele momento foi que ele soube seu nome. Helena sorriu para eles e perguntou:

— Como está passando, investigador?

— Estou bem, recuperei-me. Obrigado. Agradeço-lhe por tudo.

Helena sorriu novamente.

"Esta senhora é uma pessoa de quem gostamos de ficar perto. Transmite paz!"

A palestra começou, os jovens enamorados prestaram muita atenção e memorizaram o que foi mais importante para eles.

Uma moça muito jovem, bonita e de voz agradável foi a palestrante.

— Devemos amar nosso próximo — a moça iniciou a palestra. — Mas quem é o nosso próximo? São todos os nossos irmãos, todos, sem exceção. Querer bem o diferente é um dos maiores desafios com os quais deparamos na nossa trajetória de evolução nessa nossa morada, a Terra. E como será boa essa nossa casa quando toda a humanidade estiver vibrando amor uns pelos outros, de coração, com a alma, como nos ensinou Jesus.

Pensamos que é difícil mudar o mundo, então mudemos primeiro a nós mesmos.

As sete principais religiões do mundo, todas têm o mesmo preceito, o objetivo principal parecido: "Amar o próximo como a si mesmo. E fazer ao outro o que quer que lhe faça".

Se nós, a humanidade, conseguirmos este efeito, no nosso mundo reinará o amor.

O espiritismo é a luz que nos ilumina e que nos ajuda a compreender e a refletir sobre o fato de que a felicidade mora dentro de nós.

Se aprendermos a nos tolerar, em seguida aprenderemos a nos amar. Dando a devida importância a este aprendizado, a Organização das Nações Unidas para a Educação, a Ciência e a Cultura (UNESCO) instituiu o Dia Internacional para a Tolerância em dezesseis de novembro.

O casal de namorados apertou as mãos, olhou-se, e Raquel falou baixinho para ele:

— Tolerância!

— É amor! — exclamou o moço.

A palestrante finalizou com uma frase da doce Madre Tereza de Calcutá: "Não importa o que você faz nem quanto você faz; o que importa para Deus é quanto amor você coloca naquilo que faz!".

O feliz casal recebeu o passe. E, encerrando a bela reunião da noite, um senhor convidou a todos para a oração final: a "Prece de Cáritas". Os dois sorriram um para o outro, e Raquel acompanhou a oração em voz alta e emocionada.

PRECE DE CÁRITAS

Deus, nosso Pai, que sois todo poder e bondade, dai a força àqueles que passam pela provação, dai a luz àquele que procura a verdade, ponde no coração do homem a compaixão e a caridade.

Deus! Dai ao viajor a estrela-guia, ao aflito a consolação, ao doente o repouso.

Pai! Dai ao culpado o arrependimento, ao Espírito a verdade, à criança o guia, ao órfão o pai.

Senhor! Que vossa bondade se estenda sobre tudo que criastes.

Piedade, Senhor, para aqueles que Vos não conhecem, esperança para aqueles que sofrem.

Que a Vossa bondade permita aos espíritos consoladores derramarem por toda a parte a paz, a esperança e a fé.

Deus! Um raio, uma faísca do Vosso amor pode abrasar a Terra; deixai-nos beber nas fontes dessa bondade fecunda e infinita, e todas as lágrimas secarão, todas as dores se acalmarão. Um só coração, um só pensamento subirá até Vós, como um grito de reconhecimento e de amor.

Como Moisés sobre a montanha, nós Vos esperamos com os braços abertos, oh! Bondade, oh! Beleza, oh! Perfeição, e queremos de alguma sorte merecer a Vossa misericórdia.

Deus! Dai-nos força de ajudar o progresso a fim de subirmos até Vós; dai-nos a caridade pura, dai-nos a fé e a razão; dai-nos a simplicidade que fará de nossas almas o espelho onde se refletirá a Vossa Imagem.

Obras da médium
Vera Lúcia Marinzeck de Carvalho
espírito Antônio Carlos

Amai os Inimigos

O empresário Noel é traído pela esposa. Esse triângulo amoroso irá reproduzir cenas do passado. Após seu desencarne ainda jovem, Noel vive um novo cotidiano na espiritualidade e se surpreende ao descobrir quem era o amor de sua ex-esposa na Terra.

Escravo Bernardino

Romance que retrata o período da escravidão no Brasil e apresenta o iluminado escravo Bernardino e seus esclarecimentos.

Véu do Passado

Kim, o "menino das adivinhações", possui intensa vidência desde pequeno e vê a cena da sua própria morte.

O Rochedo dos Amantes

Um estranha história de amor acontece no litoral brasileiro num lugar de nome singular: Rochedo dos Amantes.

Um Novo Recomeço

O que fazer quando a morte nos pega de surpresa? Nelson passou pela experiência e venceu!

O Caminho de Urze

Ramon e Zenilda são jovens e apaixonados. Os obstáculos da vida permitirão que eles vivam esse grande amor?

espírito Rosângela (infantil)
O Pedacinho do Céu Azul

História da menina cega Líliam cujo maior sonho era ver o céu azul.

espíritos Guilherme, Leonor e José
Em Missão de Socorro

Histórias de diversos resgates realizados no Umbral por abnegados trabalhadores do bem.

CORAÇÕES SEM DESTINO – Amor ou ilusão? Rubens, Humberto e Lívia tiveram que descobrir a resposta por intermédio de resgates sofridos, mas felizes ao final.

O BRILHO DA VERDADE – Samara viveu meio século no Umbral passando por experiências terríveis. Esgotada, e depois de muito estudo, Samara acredita-se preparada para reencarnar.

UM DIÁRIO NO TEMPO – A ditadura militar não manchou apenas a História do Brasil. Ela interferiu no destino de corações apaixonados.

DESPERTAR PARA A VIDA – Um acidente acontece e Márcia passa a ser envolvida pelo espírito Jonas, um desafeto que inicia um processo de obsessão contra ela.

O DIREITO DE SER FELIZ – Fernando e Regina apaixonam-se. Ele, de família rica. Ela, de classe média, jovem sensível e espírita. Mas o destino começa a pregar suas peças...

SEM REGRAS PARA AMAR – Gilda é uma mulher rica, casada com o empresário Adalberto. Arrogante, prepotente e orgulhosa, sempre consegue o que quer graças ao poder de sua posição social. Mas a vida dá muitas voltas.

UM MOTIVO PARA VIVER – O drama de Raquel começa aos nove anos, quando então passou a sofrer os assédios de Ladislau, um homem sem escrúpulos, mas dissimulado e gozando de boa reputação na cidade.

O RETORNO – Uma história de amor começa em 1888, na Inglaterra. Mas é no Brasil atual que esse sentimento puro irá se concretizar para a harmonização de todos aqueles que necessitam resgatar suas dívidas.

FORÇA PARA RECOMEÇAR – Sérgio e Débora se conhecem e nasce um grande amor entre eles. Mas encarnados e obsessores desaprovam essa união.

LIÇÕES QUE A VIDA OFERECE – Rafael é um jovem engenheiro e possui dois irmãos: Caio e Jorge. Filhos do milionário Paulo, dono de uma grande construtora, e de dona Augusta, os três sofrem de um mesmo mal: a indiferença e o descaso dos pais, apesar da riqueza e da vida abastada.

PONTE DAS LEMBRANÇAS – Ricos, felizes e desfrutando de alta posição social, duas grandes amigas, Belinda e Maria Cândida, reencontram-se e revigoram a amizade que parecia perdida no tempo.

MAIS FORTE DO QUE NUNCA – A vida ensina uma família a ser mais tolerante com a diversidade.

MOVIDA PELA AMBIÇÃO – Vitória deixou para trás um grande amor e foi em busca da fortuna. O que realmente importa na vida? O que é a verdadeira felicidade?

MINHA IMAGEM – Diogo e Felipe são irmãos gêmeos. Iguais em tudo. Até na disputa pelo amor de Vanessa. Quem vai vencer essa batalha de fortes sentimentos?

NÃO ESTAMOS ABANDONADOS – João Pedro quis viver uma vida sem limites. E conheceu a morte ainda na juventude...